鳥取のわらべ歌

はじめに

ここに収めた鳥取県のわらべ歌は、郷土紙『日本海新聞』に平成三十年三月六日より令和元年十一月二十七日にかけて、毎週水曜日の紙面に九〇回にわたり連載したものです。内訳は東部、中部、西部それぞれ三〇曲ずつになっています。

この資料は鳥取県立博物館の「わらべ歌」のホームページに登載されており、メロディーも収録当時のまま、歌い手の音声で聴くことが出来ます。つまり、解説は新聞で読み、メロディーはウェブサイトで聴くというコラボ企画でした。全国の新聞でもこのような企画は他にない珍しいものでした。

本書でも鳥取県立博物館ホームページ（https://www.pref.tottori.lg.jp/265694.htm）からそれぞれのメロディーをお聴きください。ただ、代表アドレスは変わりませんが、将来、中の各分野については変更されることがあると聞いています。読者のみなさまには検索の際、ご注意いただくようお願い致します。

私は昭和三十五年から山陰両県で口承文芸（わらべ歌、民話、謎、俚諺など）を収録していますが、鳥取県の場合も平成の大合併以前の旧三十九市町村全てで収録しました。物質ではなく形のない歌ですが、これらの中には人びとの信仰や習俗が凝縮され、無形民俗文化財だと断定できます。私の脳裏には笑顔で歌い話してくださった方々の顔が懐かしく浮かんできて、今も変わらず感謝の気持ちでいっぱいです。

なお、学術資料として活用する方の便宜を図るため、歌い手の方々の氏名と生年、収録日を明記しておきました。また収録時点で口頭ですが、ご本人からは発表する了解はいただいております。

筆者記す

目次

鳥取県立博物館ホームページ▼

1　法師　法師　どこの子（植物の歌・鳥取市赤子田）

東部

法師　法師　どこの子
スギナのまま子
一本法師は出んもんだ
二本三本　出るもんだ
（伝承者・鳥取市赤子田　石川ますゑさん・明治35年生）

春先に野山に自生しているツクシを法師と呼んでいる。それはツクシの頭がお坊さんに似ているところから出た命名と思われる。やがてこのツクシは、しばらくするとスギナに変わっていく。そこを人々は想像をたくましくして「スギナのまま子」とたとえて歌にしているのである。鳥取県内には類歌は多い。鳥取市用瀬町鹿子では、

法師ゃどこの子
スギナのまま子
おじの銭ぅ盗んで

タイを買うて食ろうて
タイの骨が喉んつまって
ガアガアとぬかいた
（小林もよさん・明治30年生）

西伯郡伯耆町溝口では、

法師　法師　出串
スギナの孫子
親子三人ちょいと出え
（遠藤たいさん・明治32年生）

などいろいろだが、詞章の発想は同じである。
わたしの島根県内での収録は、わずか一例しかない。昭和三十五年に江津市桜江町川越を歩いていたとき、当時、九十歳だった原田トメさんが教えてくださった次の歌がそうであった。

彼岸坊主は　どこの子
スギナのかかあの
オト息子

春の彼岸時分に顔を出すツクシを見て、スギナのお母さんの一番下の子であろうとしているのである。
わたしはわが国が第二次世界大戦に突入した昭和十六年に国民学校（現在の小学校）に入学しているが、その国語の教科書に次の歌が掲載されていたのを思い出す。

ぽかぽかと
あたたかい　ひに
つくしの　ぼうやは
めを　だした
つくし　だれのこ
すぎなの　こ

なぜか知らず、子ども心ながら、わたしはこの素朴な詩を好んでいた。
わたしは当時、大阪に住んでおり、そこでこの詩を学んだのである。

それにしても、戦時中でありながら、教科書に載せられていたこの詩も不思議なことに、江津市で見つけた穏やかな「彼岸坊主」の伝承わらべ歌の心と全く同じであったのである。

2 コモコモじいさん（動物の歌・東伯郡三朝町）

中部

コモコモ　じいさん
コモじいさん
（伝承者・東伯郡三朝町曹源寺　川北すゑさん・明治35年生）

神社とか寺の縁の下の砂地の中などに住むウスバカゲロウの幼虫は、砂をすり鉢型に傾斜をつけて掘り、そこへ滑り落ちてきた小さい虫を捕らえて食料にしている。

この歌は子どもたちがウスバカゲロウの幼虫を掘り出しながらうたうものである。この虫を正式にはアリ地獄というが、地方によって独自の名前がついている。鳥取県ではコモコモ、あるいはコボコボと呼ばれる場合がほとんどである。島根県の出雲地方ではコモコモさんも多いが、石見地方の大田市ではカッポ、江津市ではキッポさんジッポさん、浜田市三隅地方ではコンゴなど多彩である。

さて、この三朝町の川北さんの歌は、素朴で単純明快、この虫をおじいさんとしてやさしく呼びかけるだけである。同じ傾向のものに、日野郡日野町福長の歌がある。

コモ　コモ　コモ
コモ　コモ　コモ
コモコモさん
コモコモさん
コモコモさん

(沼田スミ子さん・大正元年生)

基本的には三朝町の歌と同じ発想で、この虫を見つけようと、ただ一途に名前を呼び続ける子どもの姿が目に浮かんでくるようである。

やがて歌は、率直に子どもの気持ちをこめるように発展する。「出てこい」と命令する詞章がついてくるのがそれである。

西伯郡大山町樋口は、

コモコモじいさん
出ておいで　出ておいで

(吉田しもさん・明治41年生)

さらに句が追加されたり変化したりして、次のようなのも同郡伯耆町大原に存在している。

コモコモさん　コモコモさん
出ておいで
コモコモさん　コモコモさん
出ておいで
出たらお茶を　あげますよ

(後藤ためよさん・明治25年生)

東伯郡琴浦町高岡の歌

コモコモ　じいさん
留守だかえ
留守だかえ

(高力みや子さん・明治36年生)

日野郡日南町神戸上では、

コモコモ　田ぁ掘れ
コモコモ　田ぁ掘れ

（内田丑二さん・大正11年生）

なかなか出てこないウスバカゲロウに対して「お茶をあげるよ」とおだてたり、「留守だかえ」と呼びかけたり、またその動作から想像して、鋤を体につけて田を耕作する牛にたとえて「田ぁ掘れ」と命令してみたり、子どもなりにあれこれと想像をたくましくして、彼らはこの昆虫に呼びかけているのである。

3 うちのお背戸の茶々の木に

（手まり歌・日野郡日南町）

西部

うちのお背戸の茶々の木に
雀が三羽来てとまり
一羽の雀が言うことにゃ　うちの座敷も狭《せば》座敷
おまえの座敷も狭座敷　畳三枚　ござ三枚
合わせて六枚敷きつめて
しっぽりかっぽり泣かしゃんす
何が不足で泣かしゃんす
何だり不足はないだども
わしが弟の千松が　西の川原へ金《かね》掘りに
一年待ってもまだもどらん
二年たってもまだもどらん
三年ぶりのついたちに
人をごせとて状が来て
人はやらんがわしが行く
後の田地はどうなさる
親に三貫　子に五貫　四十五貫の銭金《ぜにかね》は
高い米買うて船に積む　安い米買うて船に積む

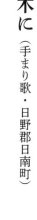

さあさ押せ押せ都まで
都もどりに何もろた
一に簪《かんざし》　二に鏡　三に更紗《さらさ》の帯もろた
くけてくだされ叔母ごさま
くけてやろうと思えども
帯にゃ短し襷《たすき》にゃ長し
山田薬師の　鐘の緒　鐘の緒
（伝承者・日野郡日南町　佐藤クラさん・明治30年生）

何とも哀れな物語ではある。千松を主題としたこの歌は、江戸時代にできた歌舞伎や人形浄瑠璃の「伽羅先代萩《めいぼくせんだいはぎ》」（通称「先代萩」）の中で、一部が引用されている。たまたまわたしの手元には島根県指定無形文化財である益田糸操り人形の語り教本があるので、その部分を紹介しておく。

…思い廻せば此程《この》から唄ふたうたに千松が七ツ八ツから金山へ一年まて共まだ見えぬ二年待て共まだ見えぬとうたの中なる千松は待つ甲斐あって父母に顔をば見せる事もあらう同じ名の付く千松のそなたは百年待ったとて何んの便りがあろうぞいの三千世界に子を持った親の心は皆な一つ子の可愛いさ毒な物食ふなと云ふて叱るのに毒と見えたら心見みて死んでくれいと云ふやうなどうよく非道な母親が又と一人あるものか…（原文のまま再録した）

さて、人形浄瑠璃では、江戸初期の仙台藩のお家騒動として設定している。若君鶴喜代君を毒殺する陰謀を知った乳母の政岡は、若君が毒菓子を食べるのをやめさせようとするが、君は言うことをきかず食べようとする。それを察知したわが子、千松は身代わりに菓子を食べた途端、毒婦八汐の刃で絶命する。後に政岡が手まり歌の詞章を思い出し、劇中でうたう詞章にこの部分がある。

また、天明五年（一七八五）に作られた義太夫「伽羅先代萩」にも千松が若君にうたって慰める次のところがある。

こちのうらのちさの木に

ちさの木に　雀が三足《ひき》止まって止まって　一羽の雀が云ふことにゃ　云ふことにゃ　アアコレ夕べ呼んだ花嫁御　花嫁御（中略）わしの息子の　千松が千松が（中略）七つ八つから金山へ金山へ一年待てどもまだ見えぬ（下略）

このようにこの歌の古さが分かるのである。

東部

4 お一つ落として　おさら（お手玉歌・岩美郡岩美町）

お一つ落として　おさら
お二つ落として　おさら
お三つ落として　おさら
お手しゃみ　お手しゃみ　おさら
おはさみ　おはさみ　おさら
おちりんこ　おちりんこ　おさら
お左　左ぎっちょ　右左　中つき　しまつき
さらえて　えっつけ　おさら
やちなん　やちなん　おさら
おっ手ばたき　おっ手ばたき　おさら
お袖　お袖　おさら
お膝　お膝　おさら
おんばさん　おんばさん　おさら
きーしる　しるしる
しるしる落として　おさら
一ちゃにおみつき　二ちゃにおみつき
三ちゃにおみつき　四ちゃにおみつき

五ちゃにおみつき　六ちゃにおみつき
七ちゃにおみつき　八ちゃにおみつき
九ちゃでおみつき　十でかけ一升
十でかけ二升　おまけに一升　やちき
どっこい　かーらす
（伝承者・鳥取県岩美町蒲生　山田てる子さん・明治35年生）

女の子の遊びのお手玉に伴ってうたわれる歌として特に知られており、山陰両県でも盛んにうたわれている。わたしが山田さんからこの歌をうたっていただいたのは、昭和五十五年（一九八〇）のことであった。

うたい手の山田さんは、因幡の昔話集『むかしがたり』（昭和50年・日本写真出版発行）の著者でもあった。わたしは岩美町の中央公民館で偶然お会いし、そのときいろいろとわらべ歌を所望してうたっていただいた一つが、これであった。後日（昭和五十五年十月十一日）、お宅を訪問して求めた著書に、記念のサインをお願いすると、実に達筆な文字で「みどりの梢を渡ってそよ風のようにふっと遠い日の思いが心によみがえる／山田てる子」と書いてくださったのが、昨日のことのように甦ってくる。

ところで、さきにこの歌は特に知られていると書いた。確かに類歌は各地でうたわれているが、詞章そのものは、「おさら」という共通項はあるものの、他はかなりバラエティーに富んでいる。後半部だけを眺めても、鳥取県米子市愛宕町では、

小さな橋くぐれ　小さな橋くぐれ
くぐれこうして　おさら
大きな橋くぐれ　大きな橋くぐれ
くぐりこうして　おさら
おみんな　おさら　おさら
一貫しょで　終わり
（伊沢君子さん・大正13年生）

となり、このように「小さな橋くぐれ」や「大きな橋くぐれ」とあるのも多い。

この歌は広範囲に分布しているところから、少なくとも江戸時代には存在していたと解釈しても良いと思われる。けれども、今のところ、古い文献に同類の記載が見つからないので、わたしが一方的にそう思っているだけなのかも知れない。

5　とんとんたたくは

（手まり歌・東伯郡三朝町）

中部

とんとんたたくは　だれさんじゃ
新町ゴウ屋の菊さんじゃ
菊さん何しにおいでたか
雪駄が替わって　替えに来た
おまえの雪駄は何雪駄
お紺に紫　あいびろうど
そんな雪駄はうちにゃない
あるものないとてくれなんだ
やれやれ腹立ち業《ごう》あきや
わしが十五になるときに
西と東に蔵建てて　蔵の回りに松植えて
松の小枝に鈴下げて
鈴がシャンシャン鳴るときにゃ
ととさんもかかさんも
うれしかろ　悲しかろ　スットントントン

（伝承者・東伯郡三朝町木地山　小椋智寿江さん・昭和9年生）

やや古めかしい手まり歌である。最近の子どもたちからは既に忘れられているもののように思われる。昭和三十年代には、お年寄りの女性からはこの種類の歌はよく聞かされたものである。

文献では、愛知県熱田地方の歌を集めた天保初年（一八三〇）ごろ成ったと思われる高橋仙果著『熱田手毬歌盆踊童謠附』の中に次の歌がある。

とんとんたたくはたれさんか
新町米屋の利平さん
今頃何しにござらした
雪踏《せきだ》がかはってかへに来た
おまへのせきだは　なにせきだ
わたしの雪踏は　京せきだ
京の室町井筒さん　一人娘のお子々《ねね》をつれて
親の金みて十両の身上
ぬすみぬすみて　をばたへはしる
小畑こばたのさんとめ茶屋に
ちよいとこしかけ
おまつさんや　小まつさんや　とんとんさん

比較してみると前半はまぎれもない仲間の歌であることが理解出来る。

鳥取県内では西伯郡大山町高田で次の類歌が見つかっている。

とんとんたたくはだれさんじゃ
千松小屋のおばさんじゃ
おばさん　何しにおいでたか
雪駄が替わって買いに来た
あんたの雪駄はどんな色
お紺に紫　藍びろど　藍びろど

（提嶋あきさん・明治41年生）

残念ながらこれ以外に県内では類歌の存在を知らないが、島根県では江津市桜江町谷住郷で次の歌を聞いている。

とんとんたたくはだれさんか
新町ゴウ屋のじいさんか
じいさん　何しにおいでたか

雪駄が替わって買いにやった
おまえの雪駄はどんなんか
お紺に紫　あいびらどもでした
（本山ダイさん・明治19年生）

6 勝って逃げるは（からかい歌・西伯郡大山町）

西部

勝って逃げるは　殿さんの頭《かしら》
負けて逃げるは　大根の尻尾《しーぼ》
（伝承者・西伯郡大山町国信　藤森もとさん・明治26年生）

昭和五十八年十月九日にうかがったものである。数名のお年寄りの方々の団欒《だんらん》の中で、質問したところ、「こんな歌なら知っていますよ」と一緒に歌ってくださったことが思い出される。

さて、歌について述べるならば、詞章からもお分かりいただけるように、軽い争いごとをして、相手を言い負かしたとき、勝った子どもが、負けた子どもに向かってからかう言葉である。

わたしなども子ども時代にこんな言葉を言い合って遊んだ記憶が懐かしい。

ところで、仲間の歌として順序が逆になった次のものも八頭郡八頭町門尾で見つかっている。昭和五十五年十一月三日にうかがった。

負けて逃げるは　大根の尻尾
勝っておるのは　大庄屋
（中川みつ子さん・明治43年生）

これは初めに紹介した大山町の歌の詞章と、前後の順番を入れ替えただけである。大山町と八頭町と離れながら、この伝承歌を最低の変化でおさえているとでも考えればよいのであろうか。

なお、八頭町の方は、「殿さんの頭」としてではなく「大庄屋」と表現されている。負けた方は「大根の尻尾」とするのであるから、昔から、大根の尻尾は、役に立たないくず物と考えられていたことを反映してるらしい。

そのことはともかく、いずれにしても勝った方の形容は、江戸時代あたりの社会でトップの階級である「殿様」とか「庄屋」に位置づけてたたえるところが、いかにも昔の子どもたちの凱旋歌らしいではないか。

さて、島根県の方はどうかといえば、前で述べたように、わたしの小学校時代は、たしかに大山町タイプの歌を、うたっていた記憶がある。

手元にたまたま松江市殿町にお住まいだった石村春荘氏の著書『出雲のわらべ歌』（自刊）があるので、捜してみたら一〇五ページに、松江市の明治時代の歌として次のように出ていた。

勝って逃げるは　殿さんのかしら
負けて逃げるは　大根のしりぼ

「しりぼ」はもちろん「尻尾」の訛り。また解説は次のようである。「けんかした時、勝つた方が負けて逃げる子どもにうしろからはやし立てた。城下町の名残のうかがわれるうたである。」

現代の子どもたちからは、多分、もう聞くことはできなくなっていると思われるのであるが、少し前の時代までは、まだ、殿様とか庄屋とかの社会的な意味が、身近な存在として、多くの子どもたちには理解されていたのである。

7　向こうの向こうのススキ原

（手まり歌・鳥取市福部町）

東部

向こうの向こうのススキ原
親がないかや　子がないか
親もござるに　子もござる
その子に離れて　十五日
十五日参りをしょと思って
姉《あね》さん父《とと》さん　ちょっと寄って
姉さん姉さん　かたびら一枚貸してえな
あるのにないとて　貸せなんだ
大腹だちや　大腹だちや
西の紺屋に一反と　東の紺屋へ一反と
染めてくだされ　紺屋さん
染めてあげます　何色で
紺と石蝋《せきろ》に染め分けに　染め分けに
ちょいと百ついた

（伝承者・鳥取市福部町　森尾ソヨさん・明治12年生）

侘しさを募らせるスタートである。「その子に離れて十五日」から、子どもを亡くしたことを意味しているのだろう。それでお寺参りをするにも、正式な着物を持たぬ悲しさから、実家へ立ち寄り借りようとしたが、「あるのにないとて貸せなんだ」というのである。

　物語はそこから急展開し、筋も通らぬ形で紺屋、つまり染物屋で布を染めてもらう話になっている。手まり歌には、このような展開がよく見られるのである。

　類歌は、倉吉市広瀬町に存在している。

向こうお山の白ツツジ
親がないかや　子がないか
親もござんす　子もござる
殿御に離れて今日七日
七日と思えば十五日
十五日《じゅうごんち》参りをしょと思《おも》て
おばのところにかたびら一枚　借りにったら
あるのにないとて貸さなんだ
やれやれ腹たつ　腹がたつ
西の紺屋《こうや》に一反と　東の紺屋に一反と
染めてください　紺屋さん
染めてあげます　何色に
ウコンに紫　浅黄色　浅黄色

（藤森もとさん・明治26年生）

東部と中部と離れているが、類歌であることには異論はなかろう。

島根県仁多郡奥出雲町大呂にも次の歌がある。

親ごに離れてはや七日《なぬか》
七日と思えば四十九日
四十九日《しじゅくんち》参りをしょうと思て
おばさんのところへ
着るもの一反　借りね来た
あるものないとて貸しぇだった
やれやれお腹が　立ちなんど
奥の納戸に機《はた》たてて
今日も一反織りおろし
明日《あした》も一反織りおろし

下《しも》の紺屋《こうや》へ一反と　上《かみ》の紺屋へ一反と
染めください紺屋さん
染めてあげましょ何色に
肩にはシャッポ　裾《すそ》には柳の葉をつけて
葉をつけて

(永井トヨノさん・明治23年生)

8　子買わ　子買わ（外遊び歌・東伯郡琴浦町）

鬼　子買わ　子買わ
他　子買って何にしょ
鬼　小豆飯に
　　トト添えて
　　ねっくりはっくり
　　食わしょ
他　それもよかろが
　　金襴緞子《きんらんどんす》
　　羽二重レース
鬼　子一人ごしゃれ
他　どの子がよかろ
鬼　○○さんがよかろ
他　どんどと
　　行かっしゃい

（伝承者・東伯郡琴浦町成美　岸本菊枝さん・明治30年生）

この歌は昭和五十六年十月十二日にうたっていただいたが、まず遊び方から述べておこう。

屋外で子どもたちが横に二列に遊ぶときの歌だったように思う。鬼になった子と、それ以外の子どもが掛け合いでこの歌をうたい、一人ずつ、鬼のグループに入ってゆく遊びであろう。

子どもをもらおうとする鬼は、初めはおいしいご馳走を食べさせると言って誘惑するが、子どもたちの方はそれに応じず、「金襴緞子」とか「羽二重レース」のように着物を与えるよう要求し、それが約束されることによって、自分たちのグループから、鬼に指名された子どもの移籍を認めるという遊びである。

一見、何でもないような遊びであるが、案外、背景には昔の人身売買の残映が秘められているように思えてならない。つまり、貧しかった第二次世界大戦前のわが国では、劣悪な製糸工場へ身売り同様に雇われていった農家の娘たちが、たちまち結核などの病に罹った女工哀史の話も記憶に新しいし、甘言にだまされて花柳界に身売りしていった貧農の娘たちの歴史も思い出される。この遊びにはそんな影が見え隠れする。

ところで、類歌であるが、島根県の場合、江津市波積南で以前、次のものを聞いたことがある。

他　子取り子取り　どの子がほしいか
鬼　一番後の子がほしい
他　あの子はやられん　何の服着せるか
鬼　銀の服着せるよ
他　何の靴履かせるか
鬼　銀の靴履かせるよ
他　取られりゃ　取ってみよ

（松岡　澄子さん・昭和22年生）他

一人の子どもが鬼になる。他の子どもは、鬼に相対して縦に一列になり、前の子の腰を手でつかまえている。そして鬼に対し一番前の子が両手を広げて通せんぼをする。鬼は何とかして通せんぼをかいくぐり、列の一番後ろの子をつかまえようとする。そのため鬼は左へまわったり、右へ走ったり、あるいは左へ行くと見せかけて、一転右の方を攻撃するという奇襲戦法をとる。他の子どもたちは、鬼につかまるまいと、長い列を蛇のようにくねらせ、ワアワア騒いで逃げまどう。

しかし、やがて通せんぼの先陣をうち破った鬼は、列の最後の子どもをつかまえてしまう。すると今度は、つかまえられた子どもが鬼になるのである。

9 いいこと聞いた（からかい歌・日野郡日南町）

西部

いいこと聞いた　疾《と》う聞いた
松が一本かえった
何持って起こそうか　線香《せんこ》持って起こそうか
（伝承者・日野郡県日南町印賀　青戸まや子さん・昭和28年生）

昭和三十九年八月八日にうかがったからかい歌だった。うたってくださった青戸さんは、まだ小学生だったと思う。

この歌は、他人に知られたくない話などを盗み聞きしたおり、相手をからかってはやしたてるようにうたう歌である。類歌はあちこちにあるが、境港市芝町でも次のように教えていただいた。

ええこと聞いた　万聞いた
とおの山へ聞こえて　松が一本転んで
すけかあてもどった
（浜田泰子さん・明治40年生）

日野郡江府町御机では、

いいこと聞いた　疾う聞いた
とおの山へ聞こえて　松が一本かえった
まどえ　まどえ　まどわにゃげんこつだ
（別所清子さん・昭和32年生）

表面的には何でもないようであるが、民俗学的に眺めれば、古代信仰が隠されていることに気付かされる。

まず言霊信仰である。これは、よい言葉を使えば言葉に潜むよい神の力でよい結果が生ずるが、悪い言葉を使ったらその逆になるというものである。この歌で見ると「いいこと」は、当人の立場で言えば、内緒にしておきたい秘密のことなので、決してよいことではない。それが他人の耳に入ったのであるから、よくない報いが待っている。

すなわち「松が一本かえった」のである。松は神の宿る神聖な樹木とされている。正月の門松に使われるのを見てもそれは分かる。正月の神が松に宿られるという意味である。昔の人びとは、冬になると多くの樹木は落葉するが、松は青々としていてそうならないところから、神の宿木《やどりぎ》であると考えたようである。

また、他の二つ、境港市や江府町の歌では「とおの山へ聞こえて」と山に聞こえることになっている。古代の人びとは神が住まわれる場所は、平地ではなく山であろうと考えていた。狩人たちは、山に入ったら平地の穢《けが》れた言葉を使わず山言葉を用いなければならなかったことからも、山が神聖な場所だったことが理解出来よう。

したがって歌の真意は「おまえの秘密ごとが神の住み給う聖地の山に聞こえ、神聖な樹木の松を倒す結果をもたらしたのだ」ということになる。

最近の子どもたちには、すでにそのような信仰は忘れ去られてしまっているのだが、昔からの流れの中で、こうして古代信仰を踏まえたからかい歌を、そんなこととは知らないまま、楽しく無邪気にうたい合っているのである。

10　二郎や太郎や（子守歌・岩美郡岩美町）

二郎や　太郎や　どこへ馬つないだ
南蛮《ばんばん》畑の梨の木につないだ
何食わしてつないだ　藁《わら》食わしてつないだ
藁の中見れば　小さい小袖が三つ三つ
三つになる小僧が　お寺から下りてきて
何着ゅうとおっしゃぁる
袴《はかま》着ゅうとおっしゃぁる
袴の裾《すそ》に何型つきょうやら　ずくしまぶれ里柿
ハンナの枝に雀《すずめ》が一羽　鴉《からす》が一羽　鳶《とび》が一羽
雀はチュンチュン　チュンのもの
鴉はカアカア　カンのもの
鳶は熊野の　鉦《かね》たたき　鉦たたき
(伝承者・鳥取県岩美町浦富　浜戸こよさん・明治39年生)

この歌は、江戸時代の鳥取藩の武士、元禄五年(一六九二)生まれの野間義学が、鳥取城下の子どもたちから、五〇曲のわらべ歌を聞き書きして作った『古今童謡』の中にあるものとそっくりなのである。

実はこの『古今童謡』は、立命館大学の鵜野祐介教授によると、これまで世界最古のわらべ歌集とされていた、一七四四年に出たロンドンの大英博物館収蔵『おや指トムの唄』よりも十数年古いとのことである。

冒頭の歌には歌の種類については触れられていないが、浜戸さんがうたわれたように、おそらく子守歌だったのではなかろうかと思われる。その詞章を次に挙げておく。

二郎よ太郎よ　馬どこにつないだ
ばんばん畑に　しころことつないだ
何食わせてつないだ　藁食わせてつないだ
藁の中を見たれば
白い小袖が三つ三つ　赤い小袖が三つ三つ
三つに成る若うが　寺から降りて
袴着よとおしやる
袴のこしに　何型つきょうよ
むめろかまろづくし
まふり　さとうがきのはんな　はんなの上に
鳶かとまる　カラスがとまる　カラスの首を
ひんねじねじて　ちょうろに見すれば
ちょうろはかちて　殿様御馬
はさんはこはごとごと
いちがととは槍持ち
槍の先　蜂がさいてすぼらぼんのぼん
(カラスがとまる　カラスの首はねぢあがった
首らや　首らや)

約三百年を経過しているが、比べてみるとほとんど変化せずに伝承され続けていることに驚かされる。

さらに時代について考察を進めて行くと、浜戸さんのメロディーは、ラジオやテレビのなかった野間義学の生きた江戸時代の当時と、あまり変わっていないのではなかろうかと考えられるのである。

またこの歌以外にも『古今童謡』に掲載されているの歌のいくつかは、わたしの収録した歌の中に、ほとんど同じ形で見つかっているので、これからも折に触れて紹介して行くこととしたい。

11 コウモリ　コウモリ（動物の歌・倉吉市湊町）

中部

コウモリ　コウモリ　スッコンコ
コウモリ　コウモリ　スッコンコ
（伝承者・倉吉市湊町　岡田富枝さん・大正3年生）

昭和五十五年九月十七日にうかがった。

夏の夕方など、昼間は洞窟で眠っていたコウモリが、やや暗くなりかけると、獲物を求めて活発に活動しはじめる。そのようなコウモリをなぜか子どもたちは好むようである。草履などを空中に投げ上げれば、獲物と勘違いしたコウモリがそれに飛びついてきたりするけれど、このような動作に子どもたちは、たまらないスリルを感じているからであろうか。

東伯郡琴浦町安田では、

コウモリ　コウモリ　草履やろ
（福留辰野さん・明治32年生）

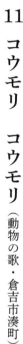

であるが、草履を投げあげると、それを目がけてくるコウモリの姿が、そのまま歌になっている。

わたしの鳥取県内での収録数は、あまり多くないが、だいたい似た形である。八頭郡八頭町門尾では、

コウモリ　来い　来い　スッコイ　コイ
（中川みつ子さん・明治35年生）

であった。「草履を投げ上げて遊ぶと、コウモリがそれについて下りてくるのがおもしろかった」と伝承者の中川さんは語っておられた。また、多少変化したものでは、鳥取市末恒伏野で、

コウモリ　コウモリ
竹のエボに　スッポン　ポン
（石川ますゑさん・明治35年生）

となっている。この内容からは、男の子などが竹を持って振り回している姿が浮かんでくる。そして竹のエボ、つまり節のところにでも止まれ、と念じる気持ちがこのような詞章になったと思われる。

さらに、鳥取市青谷町楠根では、

コウモリ　カッカ　シッ　カッカ
あした天気になぁれ
（児玉かつ子さん・明治40年生）

とあったが、子どもが下駄を投げ上げながらうたい、落ちてきた下駄が表になれば明日は晴、裏が出れば雨になるという遊びにもなっていた。つまりこの歌に天気占いも入っているのである。

島根県内のものでは、小泉八雲が明治時代に出雲地方で収録したものとして、次の歌があった。


コウモリ、来い！　酒のましょう！

酒がなきゃ　樽振らしょう。

（「日本のわらべ歌」『全訳小泉八雲作品集』第八巻・恒文社）

これと同じものは、「明治末まで、松江地方」との注釈をつけて、石村春荘氏の著書『出雲のわらべ歌』(昭和38年・自刊)にも記されていた。

12　一つひよこが米のまま（手遊び歌・米子市今在家）

一つひよこが米のまま　タイトコナイイナイ
二つ船には船頭さんが　タイトコナイイナイ
三つ店屋の番頭さんが　タイトコナイイナイ
四つ嫁さんが長袖　タイトコナイイナイ
五つ医者さんが薬箱　タイトコナイイナイ
六つ昔は鎧《よろい》着て　タイトコナイイナイ
七つ浪ちゃんがハンカチふって
タイトコナイイナイ
八つやしん坊が指をくわえて
タイトコナイイナイ
九つ高野の弘法さんが　タイトコナイイナイ
十で　殿さんが　お馬に乗って　ハイドウドウ
（伝承者・米子市今在家　松原あきさん・大正12年生）
他

平成七年（一九九五）四月四日、『米子市史』民俗編の資料を集めるために、同市巌公民館におじゃましたさいうかがったものの一つがこれである。

松原さんとは、これが機縁で交流が長く続いた。そんなことからご自身が実に多くの昔話やわらべ歌などをご存じであるということも分かり、その後、お願いして定期的に米子市の児童館で昔話を語っていただいたり、松江市でも平成十年秋、松江城天守閣の下の階で催された「第2回・語りのよなべ」に出演をお願いしたりと、すっかり親しくしていただいた。

さて、この歌は手まり歌としてうたってくださってはいるが、多くの地方では手遊び歌として扱われている。子どもたちはこの歌をうたいながら、詞章の内容に合わせた所作を身体全体を使って行うのである。

同類はたくさん聞いているが、島根県の歌を紹介しておこう。飯石郡飯南町角井で昭和六十四年(一九八九)にうかがったものである。

一つひよこがコンピラ食って
ナイトコナイイナイ
二つ舟には船頭さんが　ナイトコナイイナイ
三つ店屋にゃ番頭さんが
ナイトコナイイナイ
四つ横浜海水浴　ナイトコナイイナイ
五つ出雲にゃ大社《おおやしろ》　ナイトコナイイナイ
六つ昔は鎧《よろい》ばっかり　ナイトコナイイナイ
七つ浪ちゃんがハンカチふって
ナイトコナイイナイ
八つ痩《や》せ坊が指くわえて
ナイトコナイイナイ
九つ乞食がお椀持って　ナイトコナイイナイ
十で殿こさんがお馬に乗って
ナイトコナイイナイ
(藤井敏子さん・昭和5年生)

比較して同類であることは、説明するまでもないだろう。米子市の囃子《はやし》ことば「タイトコ、ナイナイナイ」に対して、距離的にかなり離れた島根県飯石郡飯南町角井の方は「ナイトコ、ナイイナイ」なのである。

「タ」と「ナ」の一音違いや「四つ」「五つ」「九つ」の内容がやや違うのはやむを得まい。そのようなところが伝承の不思議さであろうか。

13 下手の子どもさん（手まり歌・鳥取市佐治町）

東部

下手《しもで》の子どもさん　上手《かみで》の子どもさん
花折りにいかいな　何花折りに　庚申花折りに
一本折っちゃぴーんとし
二本折っちゃぴーんとし
三本目に日が暮れて
向こうに三軒　灯《ひ》が見えて
新し小屋に泊まろうか　古小屋《ふるごや》に泊まろうか
新し小屋に泊まって　朝起きて見たら
猿が三匹跳びおって　後の猿も物知らず
先の猿も物知らず　中の猿が物知って
なまず川に飛び込んで　なまず一匹へーさえて
堂の隅《すま》に持ってって　ぎーちゃぎちゃと刻んで
あなたに一切れ　こなたに一切れ
お万がたらん　お万はどうした
油屋に行きた　油一升買うて
油屋の角で　油壷落として
その油どうした　犬がなめてしまった
その犬をどうした　ぶち殺いてしもうた

その皮どうした　どうに張ってしもうた
あっちをたたきゃあ　ドンドンドン
こっちをたたきゃあ　ドンドンドン
ぶち破ってしもうた
（伝承者・鳥取市佐治町尾際　福安初子さん・大正4年生）

手まり歌の中でも豊かな想像力を駆使して作り上げられた代表的なものである。子どもたちはいつしか歌の中の主人公に、自分を置きかえて楽しんでいたのだろう。

さて、「向こうの山を猿が三匹跳びよって……」で始まる歌なら、他の地方でもよく聞くが、「下手の子どもさん……」の出だしを持つのは、県東部地方だけに集中している。

この歌の構成を眺めると、主人公は次のように変化している。子ども→猿→お万→犬という具合である。

一種の連鎖反応的な変化とでもいえる、この主人公の交代こそ、わらべ歌の特色の一つであろう。子どもたちの想像力は、次々と飛躍して一カ所に留まるのをこころよしとはしない。

類歌を見ると、鳥取市末恒町や八頭郡智頭町波多でも「下手の子ども衆、上手の子ども衆」で始まり、ほぼ同様の詞章である。また福部町左近では「上《かみ》どいの子ども衆、下《しも》どいの子ども衆」。岩美郡岩美町田後では「下《しも》じゅうの子ども衆、上《かみ》じゅうの子ども衆」となっている。そして後半部分は「裏の山から（向こうの山から）猿が三匹出た出た」などと変化してしまうという筋書きになる。

さらに鳥取市赤子田では、犬の皮を破った後、

その破れどうした　雪駄にはってしまった
その雪駄どうした
あっちにチャラチャラ　こっちにチャラチャラ
履き破ってしまった
その破れどうした
あっちにゴロゴロ　こっちにゴロゴロ
川に流してしまった

となっている。かつての子どもたちの想像力のすばらしさをこれらは示しているのではなかろうか。

14　一わとかわせ　わしゃ石割らん（手遊び歌・東伯郡湯梨浜町）

中部

一わとかわせ　わしゃ石割らん
石屋衆こそ　石割るものよ
二わとかわせ　わしゃ庭掃《は》かん
女子《おなご》衆こそ　庭掃くものよ
三わとかわせ　わしゃ鯖《さば》売らん
商人《あきんど》衆こそ　鯖売るものよ
四わとかわせ　わしゃ皺《しわ》よらん
年寄り衆こそ　皺よるものよ
五わとかわせ　わしゃ碁《ご》は打たん
旦那衆こそ　碁を打つものよ
六わとかわせ　わしゃ櫓《ろ》はこがん
船頭衆こそ　櫓はこぐものよ
七わとかわせ　わしゃ質置かん
貧乏人こそ　質置くものよ
八わとかわせ　わしゃ針持たん
女子衆こそ　針持つものよ
九わとかわせ　わしゃ鍬《くわ》持たん

百姓衆こそ　鍬持つものよ
十ぱとかわせ　わしゃ字は書かん
手習い衆こそ　字は書くものよ
（伝承者・東伯郡湯梨浜町原　藤井節さん・明治38年生）

数え歌形式になっているこの歌は、かつての子どもたちに好まれたらしく、各地の古老からたいてい聞くことができる。わたしも山陰地方のあちこちで、随分聞かされたものである。

一応、「手遊び歌」として分類はしておいたが、遊び方は、詞章に合わせてその動作をするだけのことであり、手遊びというよりは、身体全体を使って、それぞれの主人公の真似をしながら数人で合唱のようにしてうたわれる。

この歌は少なくとも江戸時代までは遡ることができるようで、西沢一鳳（一八〇二〜一八五二）の著した『皇都午睡』の中に次の類歌が収められている。

一置《イチオイ》てまわりや、コチヤ市立《たて》ぬ、
天満なりやこそ　市立ますする。
二置てまわりや、コチヤ庭はかぬ、
丁稚なりやこそ　庭掃ますする、
三置てまわりや、コチヤ三味弾ぬ、
芸子なりやこそ　三味ひきますする、
四置てまわりや、コチヤ皺よらぬ、
としよりなりやこそ　皺よりますする、
五置てまわりや、コチヤ碁はうたぬ、
能衆なりやこそ　碁を打ますする、
六置て廻りや、コチヤ艪はおさぬ、
船頭なりやこそ　艪をおしますする、
七置て廻りや、こちや質置ぬ、
貧乏なりやこそ　質置きますする、
八置てまわりや、コチヤ鉢わらぬ、
麁相《そそう》なりやこそ　鉢破ますする（以下略）

比較してみると、一目瞭然。両者が親族関係にあることは異論のないところであろう。

江戸時代後期に生きた著者は、大阪の人であるから、当時から関西地方で盛んにうたわれていたことがよく分かる。

15 げんこつ山の源ちゃんが

（じゃんけん歌・日野郡江府町）

西部

げんこつ山の　源ちゃんが
おっぱい飲んで　ねんねして
だっこして　おんぶして　じゃんけん　ぽい
（伝承者・日野郡江府町　別所清子さん・昭和29年生）

同類は全国的に広くうたわれている。歌の詞章に合わせてその動作を行ってゆき、最後はじゃんけんに移行して鬼を決める。その意味からは「手遊び歌」とか、「鬼決め歌」と分類することもできる。

鳥取県東部の『八東町誌』によれば、同類が次のように変化している。

ごんけつ山の、たぬきさん、おっぱいのんで、
ねんねして、だっこして、おんぶして、
またあした

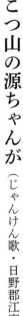

冒頭の歌の同類であることには、どなたも異論はなかろうが、ただ、この方は動作を行うことが目的でうたわれ、初めの歌のようにじゃんけん前奏曲ではない。そこのところが違っている。これが島根県になると出雲市斐川町でよく似たものが見つかっている。

ごんけつお山の　たぬきさん　おっぱい飲んで
だっこして　おんぶして　またあした
（尾原昭夫さん・昭和7年生）

子どもは常にエネルギッシュである。したがって元気よく動き回ることを好む。そのようなことから、ストレートに動作そのものを楽しむ歌としてうたわれていたのであろう。

同じように詞章に合わせて動作を楽しむ歌は、この他にいろいろある。少し変わったものとして、鳥取市気高町の「鬼決め歌」を紹介しておく。

俵のネズミが　米食って
チュウ　チュウ　チュウ　チュウ
お父さんが呼んでも　お母さんが呼んでも
行き行きなすよ　トン
とうざの山から　蓑着て笠負て
通たもんが　鬼だった
（水田やゑさん・大正元年生）

この歌の「俵のネズミが米食ってチュウチュウ……」から「……行き行きなすよ……」までどなたもおなじみであろう。しかし、後半部「とうざの山から、蓑着て笠負て、通たもんが鬼だった」のところは、当地独特の詞章といえる。とうざの山から蓑を着て、そして笠を背に負いながら通って来る者の正体が鬼だということから考えて、この鬼は子孫の住む現し世に、時おり姿を見せる祖霊の色彩を残しているもののように思われる。民間信仰を踏まえた歌として、その古さに注目しておきたい。

この歌の遊び方であるが、子どもたちが輪になって手を握って小口を合わせ、歌の一節ごとに順々に指を突っ込んで、当たった者が鬼か、あるいは当たった者を次々除き、最後に残った者が鬼になり、隠れんぼは始められるのである。

16 夏年変わらず（手まり歌・鳥取市福部町）

東部

夏年変わらず　冬年変わらず
うちのだいじな　お手まるさんを
海のもくさに　五つにまわして
これからどなたに　渡しましょいな
向こうの花子さんの　お手のおひざに
おしか　しっかと渡いた
はいはい　受け取り申したわいな
（伝承者・鳥取市福部町左近　村田さはさん・明治32年生）

昭和五十六年八月二十五日にうかがった。

ゴムまりなどのまだ現われなかったころ、手まりは母や祖母たちが、かわいい娘のために夜なべ仕事に、くず糸などを巻いて作った自家製のものだった。

その苦労を知っていた女の子たちは、それだけに手まりをとても大事にしていたのである。この

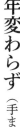

歌にもそのような気持ちがあふれている。次の二つの歌も同様の心の通っているものである。
まず、鳥取市福部町湯山のもの。

小母《おば》にもろうた　絹糸手まる
つけば汚れる　ときどき変わる
川に流せば　柳にとまる
柳切りたし　川柳　川柳
これでいっこう　貸せました
(浜戸こよさん・明治39年生)

「絹糸手まり」とあるので、絹糸を使った手まりということは、それだけで贅沢で豪華なそれであることが分かる。したがって、「つけば汚れる」ということになる。ただそこから先の詞章は、気分が変わったのか、飛躍してしまったようだ。いかにも子どもらしい気の変わり方である。

八頭郡智頭町波多では、

手まりよう来た　おすべり煙草
煙草のむ間にゃ　お茶々が煮える
お茶々煮える間にゃ　おかずが煮える
おかず煮える間にゃ　おままが煮える
スットコトンや　また百ついた　また千ついた
(大原寿美子さん・明治40年生)

これは手まりを歓迎する内容になっている。
「手まりよう来た」と手まりを成人の男性に擬人化し、煙草を勧めている。そして煙草を吸っているうちに食事を整え、手まりの訪問を歓迎して接待しようとしている。
「因幡のわらべ唄」として昭和五十年代に『日本海新聞』に連載された近藤時太郎氏採集の歌に次のものがあった。

向こう婆さん　縁から見れば
菊や牡丹や　手まりの花や
手まりよう来た　上がれとおっしゃる
上がれ言葉は　かたじけないが

うちの嫁御はなして　まま食べん
腹が痛いか　夏痩せしたか
いつも夏痩せ　したことないが
腹にゃ八月の　ややがおる

中部

17 お千さんとお万さんと（手まり歌・東伯郡三朝町）

お千さんとお万さんと　お手ひき合わせて
お城まで　お城の後ろは高後ろ
一段上がりて　二段上がりて　三段上がりて
みなみな見れば　よい子よい子が　三人ござる
一でよいのが　一呂兵衛の娘
二でよいのが　次郎兵衛の娘
三でよいのが酒屋の娘
酒屋一番　大伊達こきで
下にゃ白無垢　中には綸子《りんず》
上にゃ桃色　総紅鹿子《そうべにかのこ》
雪駄ちゃらちゃら　花見に行きゃる
花見若い衆に　抱きとめられて
おしゃ《きゃ》れ離せよ　縁切りゃしゃんな
帯の切れたは　結びもなるが
縁の切れたは　結ばれぬ　結ばれぬ

（伝承者・東伯郡三朝町吉尾　別所菊子さん・明治35年生）

まるで江戸時代の錦絵でも見ているような、絢《けん》爛《らん》豪華な風景が浮かんでくるようである。

これは手まり歌であるが、以前の手まり歌には、このような内容がよく見られた。歌の初めは「お千さん」とか「お万さん」とあるが、これは、わらべ歌にはよく登場する名前である。しかし、二人はこの歌の中では、単なる導入部の役割を持つだけである。

主人公は後半の酒屋の娘なのであり、彼女が着飾って花見に出かけたところ、そこで遭遇する出来事にスポットが当てられている。この酒屋の娘は「大伊達こき」とある。これは「人目に立つことを好むタイプ」というくらいの意味であろう。また、中に着ている「綸子」であるが、しゅす織りの地にその裏組織で地紋を織りだした絹織物のこと。「総紅鹿子」というのは、全体が赤い色の鹿の子模様をした羽織のことかと思われる。したがって、余りにも目立った娘なので、つい若い衆につかまってしまったというのである。

ところで、わたしは先に「以前の手まり歌にはこのような内容がよく見られた」と記したが、ここらでまず鳥取県東部地区の、そのような例を紹介しておこう。鳥取市佐治町尾際で聞いたものである。

うちの隣の庄屋の娘　庄屋娘は姉妹《おとどい》ござる
姉は二十三　妹は二十《はたち》歳
二十歳なるけど　まだ鉄漿《かね》つけぬ
鉄漿もつけどき　嫁入りもしどき
雪駄ちゃらちゃら　花見に行けば
花見若い衆に　抱きしめられて
帯の切れるは　大事はないが
縁の切れるは　また大事
すっとことんよ　ちょっと渡《わった》りしょ

（福安初子さん・大正4年生）

年頃の主人公の娘が、若い衆に抱きとめられ、娘の若い衆に抗議する意見が基本的に共通している。このような筋書きを持った歌は、島根県でもわたしはいくつも聞いている。

18 トンボ　トンボ　とまれ

（動物歌・日野郡日野町）

西部

トンボ　トンボとまれ
この指　とまれ
トンボ　トンボとまれ
この指　とまれ
（伝承者・日野郡日野町福長井ノ原　沼田スミ子さん・大正元年生）

男の子どもたちにとって特に親しいトンボの歌は意外と少なく、わたしの収録は、この沼田さんの歌以外には、若桜町大野で次の一例を見つけただけだった。

トンボ　トンボとまれ
この指　とまれ
（兵頭ゆきえさん・大正5年生）

これはトンボを捕らえようとしてうたわれるものである。
形としては両者とも同じであるけれど、ただ、日野町の歌は同じ詞章を繰り返すスタイルになっている。実際は若桜町の場合も、その場に応じて日野町のそれと同じように繰り返されて歌われているのかも知れない。
鳥取県内で、他に事例がないかと文献に当たってみた。稲村謙一編『鳥取のわらべ唄』（昭和59年・鳥取市社会教育事業団）によれば、昭和十年代に鳥取市立川町の岩田勝市氏が採集されたものとして、次の歌があったが、地名の記載がないため、県内の歌というだけでどの地方のものか分からない。しかし、氏の活動された舞台が東部なので、多分この歌も東部地区のものと考えて誤りはないと推定される。

盆にこい　鯖やろ

なお、これは捕まえたトンボを逃がすときにうたうものとの注釈が施されていた。
一方、島根県の方では、隠岐郡海士町御波で、

トンボ　トンボ
カメガラやるぞ
（浜谷包房さん・昭和3年生）

とうたっており、また仁多郡奥出雲町上阿井では、次のようであった。

トンボやトンボ　麦わらトンボ
塩辛トンボ　もち竿持つも　おまえは刺さぬ
日向は暑い　こっち来てとまれ　日陰で休め
（山田カツノさん・明治17年生）

わたしは、この歌を「日陰で休め」のところだけ省略された、ほぼ同じ形で浜田市三隅町森溝の古老からも聞いていた。
なお、金田一春彦・安西愛子編『日本の唱歌・上』（講談社文庫）によれば、「もち竿持つも」の

ところが「もちざをもつとも」、「こっち来てとまれ」が「こちきてあそべ」と変化している以外、全く同じ詞章で出ており、「作詞者・作曲者・成立年代すべて不明。藤田圭雄氏は、関西地方で歌われていたわらべ歌の一種らしいという」と述べられている。そしてさらに、大正元年以降、東京神田にあった東洋幼稚園では、朝の時間の初めに全員でうたわれていた、とも記してあった。

19 ほー ほー 蛍来い（動物の歌・八頭郡智頭町）

東部

ほ　ほ　蛍来い　蛍来い
あちらの水は苦いぞ　こちらの水は甘いぞ
嫁入りの談合《だんこ》しょ　お玉　嫁入り
三吉ゃ　仲人《なかど》
次郎婿　婿や　ほ　ほ　蛍来い　蛍来い
（伝承者・八頭郡智頭町波多　大原寿美子さん・明治40年生）

そろそろ蛍の出現する季節となったので、蛍を捕るときにうたわれる歌について述べてみたい。

全国版として一般的なのは、「ほーほー蛍来い」から「こっちの水は甘いぞ……」までと最後は再び「ほーほー蛍来い」で収めるスタイルであろう。

ところが、ここにあげた大原さんの歌は、「嫁入りの談合しょ」から「次郎婿、婿や」までが独特である。言語伝承を求めて歩いていて、独自な伝承に出会うと、宝物でも見つけたような喜びを覚える。この歌もまたそのような一つであった。

　記録をたどってみると、昭和五十四年十月七日にうかがったものである。

　伝承者の大原寿美子さんは、昔話やわらべ歌など、非常に多くをご存じで、まさに無形民俗文化財的存在だった。わたしはお宅へ何回もおじゃましたものである。時としては東京や福井の同好者を連れて行ったこともあり、わたしが島根大学に勤務していた当時、指導していたアメリカ人留学生を同行して、いろいろ聞かせていただいたこともあった。

　類歌を少し紹介しておこう。まず鳥取市佐治町尾際では、

　ほ　ほ　蛍来い　蛍来い
　小さな提灯さげて来い
　ほ　ほ　蛍来い　蛍来い
　あっちの水は苦いぞ　こっちの水は甘いぞ
　ほ　ほ　蛍来い　蛍来い
（福安初子さん・大正４年生）

「小さな提灯さげて来い」と蛍の明かりのたとえに特徴がある。

　東伯郡湯梨浜町原で、

　蛍来い　山道来い
　ランプの光で　みんな来い
（尾崎すゑさん・明治32年生）

短く引き締まった詞章に特色がある。

　次に島根県江津市桜江町渡で、

　ほー　ほー　蛍来い
　あっちの水ぁ苦いぞ　こっちの水ぁ甘いぞ
　貝殻持てこい　ブウ飲ましょ
（門田ヤスエさん・大正8年生）

「貝殻持てこいブウ飲ましょ」は素朴であろう。

　最後に島根県大田市川合町吉永のもの。

蛍　蛍　こっち来い　ポッポ
あっちの水《みざぁ》　苦いけえ
こっちの水　甘いけえ
こっち来い　ポッポ

（酒本安吉さん・明治17年生）

「こっち来いポッポ」がおもしろい。

20 トンビ　トンビ　羽根一本落とせ（動物の歌・東伯郡北栄町）

中部

トンビ　トンビ　羽一本落とせ
ネズミ捕ってやるぞ
（伝承者・東伯郡北栄町米里　山本鶴子さん・明治28年生）

大空高くまるで舞でもまうように実にゆったりと輪を描いて飛んでいるトビに、子どもたちはこう呼びかける。よほどトビの飛び方が気に入っているのか、似たような詞章はあちこちで見られる。八頭郡若桜町加持の歌。

トンビ　トンビ　舞い舞いせ
ネズミ捕って　食わせるぞい
（中江りつさん・大正2年生）

また、西部の西伯郡伯耆町大原では、

トビ　トビ　回れ
問屋のかどで　団子串に挿いて　回れ
（後藤ためよさん・明治28年生）

ゆったり飛ぶのをほめる気持ちは同じである。
次に島根県松江市の歌をあげておこう。

トンビ　トンビ　舞ってごしぇ
カラスに隠いて　ネズミやる
（飯塚幸夫さん・大正13年生）

同工異曲ではあるが、少し異なったものが仁多郡奥出雲町大呂で見つかった。

トビ　トビ　舞うて見しぇ
あさっては　放生会《ほうじょうえ》だ
タイを買って　投げちゃる
（村尾政太郎さん・明治40年生）

トビに対して進呈するご馳走が、前者がネズミであり、後者は魚のタイであるという違いはあるが、これらにも歌の背景には、先の歌と同様、悠然と空を飛ぶトビに敬意を表した気持ちがうかがえる。

なお、放生会であるが、これは生き物の供養のため、捕らえられている動物を放してやる儀式をいい、各地の寺社などで夏のころなど行われている。ただ、そうすると、この歌では放生会のため、せっかく殺生をやめて放たれたタイを、トビに食べさせてやろう、ということになり、やや矛盾を感じるのであるが、そこは子どもの無邪気さゆえに、不統一も許されるのであろうか。

詮索はそれまでとして、ここらで文献の方を眺めてみると天保二年（一八三一）の序がある小寺玉晁《ちょう》著『尾張童遊集』にまさに同じ系統を示す次の歌が紹介されている。

とんびとんびかへれ、
鼠とつて　ほゥりあげよ。

というのである。この歌は江戸時代後期のころに成立しているから、昔の尾張地方、すなわち現在の愛知県西部地方の子どもたちも同様の発想でトビの空を舞う姿のすばらしさを愛でていたのである。

21 この明かり　じいさんもばあさんも（歳事歌・西伯郡大山町）

西部

コナカリ　コナカリ
（「この明かり」の訛ったもの）
じいさんも　ばあさんも
ござーい　ござーい

この明かり　この明かり
じいさんも　ばあさんも
いなはーい　いなはーい
（伝承者・西伯郡大山町羽田井　森田まつ子さん・明治29年生）

日本人にとって盆といえば正月と並ぶ一年の二大行事である。

この歌の伝承者、森田さんの話を例に盆行事を眺める。

まず七月七日が墓掃除。十三日朝は花立て。十四日朝、墓参りで供えものをした。両日夜、「迎え火」と称し、麻殻《おがら》を川端で燃やして唱えをした。その詞章が、最初にあげたものである。ご先祖は、この明かりに導かれて、懐かしいわが家へお帰りになるという。

そして十五日の夜と十六日の早朝も麻殻を川端で燃やし唱えをした。「送り火」がこれである。この詞章も「迎え火」のそれとよく似ており、二番目にあげたものである。

特に十六日の早朝は一輪線香に火をつけ、供えものを川に流したという。この川に流す行事については、地方によって特色があり、島根県では、松江市の大橋川で盆灯籠が流され、それは翌朝、宍道湖岸にたくさん流れ着いていたのも一つの風物詩であった。また、隠岐島の西ノ島町では、大きくて豪華なシャーラ船（精霊船）を流すので有名である。

この仏さんの送迎についての歌は、大同小異の詞章を持って各地で行われているが、わたしの収録でただ一つ、ちょっと異なった特色のあるものがあった。それは送り盆に唱えられるが、東伯郡三朝町曹源寺で伝えられていた。

チンカラ　マンドイ
スッカンカン

（川北すゑさん・明治35年生）

「仏さん送りといって、盆の十六日の夕方に麦わらを束にして火をつけ、太鼓や鉦《かね》をたたいて田んぼのあぜ道や川のほとりでふっていました」と川北さんは話してくださった。

ところで、わたしたちは、正月の食べ物を象徴する餅に対して、盆にはうどんやソーメン、あるいは団子などを作る。そしてキュウリやナスに箸で足をつけ、仏さんの乗り物であると説明している。また仏さんは小さく美しい精霊トンボになって帰ってくるので、この生き物を殺生してはいけないなど言われている。

また、わらべ歌ではないが盆踊りの歌として、浜田市三隅町井野では、次のものがあった。

ハアー　盆はナアー　ヨイサ
盆はうれしや　別れた人も
アラセー　ヨホホイー
晴れてこの世へ　逢いに来る
（串崎法市さん・昭和35年ごろ、五十歳くらい）

この歌は哀切きわまりないメロディーであるが、このようにわたしたちはご先祖を大切にしているのである。

22 山の奥のハマグリと（ことば遊び歌・鳥取市佐治町）

東部

山の奥の蛤《はまぐり》と　海の底の勝ち栗と
水で焚いて　火でこねて
あしたにつけたら　今日治る　あぁおかし
（伝承者・鳥取市佐治町尾際　福安初子さん・大正4年生）

現実にはあり得ない内容をうたって楽しんでいた、かつての子どもたちの姿が想像できる。日本人の歌としては珍しくユーモアがある。東北地方では同類が早物語とかテンポ物語などと称され、早口で語る語り物として存在している。

また、江戸時代には井原西鶴の『世間胸算用』巻四、第三話「亭主の入替り」の最初、乗合船の様子を述べているが、そこで「不断の下り船には世間の色ばなし・小唄・浄瑠璃・はや物語……」とあり、ここからも当時流行していた民間文芸であったことが推定される。

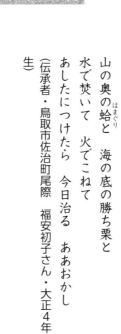

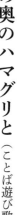

ここで『日本歌謡集成』（巻十二）にある三重県名賀郡の雑謡を紹介しておこう。

西行法師という人は、始めて関東へ上るとき、のぼるがうそぢゃ下るとき、水なし川を渡るとき、こんにゃくせ骨であしついいて、豆腐の奴《やっこ》でのどやいて、どこぞこゝらに薬がないかと尋ねたら、尋ぬれやない事はござんせん。山口はいたるなまわかめ、畑ですまひする蛤が、海にあがりし松茸と、夏ふる雪を手にとりて、水であぶりて火でねりて、あしたつけたら今日なほる。

この後半部分と、佐治町の歌を比較してみると、やはりどこか関連を感じさせる。そうして見ると、このような早物語が、山陰では一つは子どもの「ことば遊び歌」という形で定着していると考えてよいようである。

ところで、わたしは島根県隠岐郡隠岐の島町益見で「相撲取り節」として以前収録したのが、ちょうど今回の歌に関連していた。つまり、鳥取県ではわらべ歌となっているのが、島根県では大人の民謡である「相撲取り節」として、その命脈を保っているのである。次に紹介してみよう。

寺の坊主が　修行に回る
水ない川を　渡るとき
クラゲの骨をば　足に立て
コンニャク小骨を　喉に立て
豆腐の小角で　目鼻打ち
これに薬は　ないかいと
そこ通る娘に問うたなら
このまた娘が　ちゃれたやつ
これに薬はいろいろと　千里奥山蛤と
海に生えたる松茸と
水のおく焼きして　延べて
明日《あした》つければ　今日治る

（井奥ちやうさん・明治41年生）

これはまたさきほどの三重県の雑謡とそっくりである。そして鳥取市佐治町の「ことば遊び歌」

の後半部分ともまた関連のあることは説明するまでもなかろう。

　このようにして庶民の世界においては、いろいろな種類の歌に姿を変えながら、伝承歌は命を永らえ続けているのである。

23 凸凹キュピちゃんが風邪ひいて（ゴム跳び歌・東伯郡琴浦町）

中部

凸凹キュピちゃんが　風邪ひいて
花見に行こうと花畑
花見の最中に　手をあげて
キュピちゃんが
キュと泣いて　キュッ　キュッ　キュ
（伝承者・東伯郡琴浦町高岡　鳥飼秋江さん・昭和26年生）

この歌は昭和三十七年三月五日にうかがった。わたしはこの年、二十六歳で中学校の教師だった。ふとした縁で鳥取県へ足をのばしたおり、うたってくださったのが鳥飼さんだった。まだ中学生で、わたしの希望に応じて友だちといろいろな歌を教えてくださった一つがこれだった。メロディーは「権兵衛さんの赤ちゃんが風邪引いた」と同じなので、この歌はそのパロディーともいえる。浜田市金城町でも同類はあった。ただ初めの名前はキミちゃんとなっていた。後半はキュピさんであるから、伝承歌特有の変化といえよう。

凸凹キミちゃんが　手をひいて
花見に行こうと　花畑
花見の最中に　手が折れて
キュピさんが　キュと泣いて
キュッ　キュッ　キュッ

（野田順子さん・昭和24年生）

さて、この歌は比較的新しくできたもののようだ。それは「凸凹キュピちゃん」とある語句から推定される。キュピちゃんというのはキューピー人形から来ていると思われる。これは頭の先がとんがっていて、目の大きい裸の人形である。元はといえばローマ神話の恋の神キューピットを指している。翼を持った少年の神として考えられ、その黄金の矢で射られた者は、恋に捕らわれるというのである。昔はセルロイド製の人形があったことを、わたしも記憶しているが、簡単にへこむことが多く、そこから「凸凹」という出だしの詞章が作り出されたのではなかろうか。

このキューピー人形は、かわいらしいところから、昔の子どものアイドルだったのか、同じ琴浦町高岡で次の歌も見つかった。

一銭五厘の　キューピーさん
お金がないのに　バス乗って
運転車掌に叱られて
これは失敗　ごめんなさい

（高力順子さん・昭和24年生）

益田市匹見町道川の歌。

凸凹キュピちゃんが
山道越えて　ハイキング

（秀浦みずえさん・昭和26年生）

わらべ歌の題材は自在である。子どもの気に入れば、いろいろなものが歌に取り入れられる。

かわいく愛敬のある顔立ちのキューピー人形は、以前の子どもたちの人気キャラクターだったといえる。したがって、何のてらいもなく、彼らは、この人形を自分たちの遊びの仲間に加えてしまったのである。

24 お月さんなんぼ（子守歌・西伯郡大山町）

お月さんなんぼ　十三ここのつ
そりゃまんだ若い
若もござらぬ　いにとうござる
いなはる道で　尾のない鳥が
油筒ぞろぞろ飲んで　よい子を生んで
お万に抱かしょか　お千に抱かしょか
お万は油屋の門《かど》で　滑って転んで　徳利《とく》投げた
（伝承者・西伯郡大山町国信　谷尾トミコさん・明治44年生）

中秋の名月あたりから、月の美しいシーズンに入る。そのようなときにこそ、この歌はふさわしいように思われる。

澄み渡った秋空のもと、幼子をあやしながら、物語風なこんな子守歌をついうたいたくなる。各地に「お月さんなんぼ……」で始まる歌はあるが、鳥取県では因幡地方と伯耆地方では、かなりはっきりした違いがある。大山町のこの歌は、もちろん伯耆地方の特徴を備えている。

端的にいえば伯耆地方では「そりゃまんだ若いな」や「尾のない鳥」、「油筒くわえて」がついているのである。それに対して因幡地方では、「七織り着せまして」の詞章が入っている。実例を眺めておこう。鳥取市福部町湯山では、

お月さんなんぼ　十三ななつ
七織り着せまして　京の町に出いたらば
鼻紙落とし　笄《こうがい》落とし
鼻紙　花屋の娘が　ちょいと出て拾って
笄　紺屋の娘が　泣いてもくれず　笑ってもくれず
とうとうくれなんだ

（浜戸こよさん・明治39年生）

実はこの歌は江戸時代の前期には存在していたもので、鳥取藩士だった野間義学が著した『古今童謡』という鳥取藩のわらべ歌を集めた書物に出ている。この本はイギリスのわらべ歌集『親指トムの唄』より古く世界最古のわらべ歌集であることが先年判明した。

さて、そこにある歌を紹介する。

お月さまなんぼ　十三　七つ
な、おり着せて　京の町に出いたれば
笄落とす、はな紙落す
かうがい紺屋が拾ふ　はな紙はな屋が拾ふ、
泣いてもくれず　笑ふてもくれず
何ぼ程な殿じゃ
油壷から　ひき出いたやうな
小男々々

はっきりと「七織り着せて」が入っている。したがって、城下町であった現在の鳥取市でうたわれていたことが分かるのである。このタイプは少なくとも東の京都まではたどることが可能である。一方、伯耆地方のものは、西の島根県出雲地方まで続いている。ただ、同じ伯耆地方ではあっ

ても、東伯郡各地の歌だけは、伯耆地方の特色を持ちながら少し違っている。次にはそれについて眺めておきたい。

25 お月さんなんぼ（外遊び歌・東伯郡三朝町）

お月さんなんぼ　十三九つ
そりゃまんだ若いぞ
若はござらぬ　さっさとくぐりや
行きはよいよい　もどりはこわいぞ
（伝承者・東伯郡三朝町下大谷　西田昌さん・明治34年生）

昭和五十四年九月二十三日にうかがった。

他の地方での「お月さんなんぼ」はあくまでも大空に輝くお月さんを愛でてうたわれているのであるが、ここでとりあげたのは、あくまでくぐり遊びの歌としてである。

このようにして遊んでいるのは、しかし、東伯郡に限られている模様で、他ではいまのところ採集例はない。

ここで東伯郡での類歌を紹介しておくが、いずれも同様な「くぐり遊び」が伴っているのである。

初めに同郡北栄町島の事例。

お月さんなんぼ　十三九つ　そりゃまんだ若い
若はござらぬ　去《い》にとうござる
行きはよいよい　もどりはこわい
（大東節子さん・明治42年生）

次に湯梨浜町宇野の事例。

お月さんなんぼ　十三九つ
それはまんだ若いぞ
若はござらん　どんどとくぐれ
（木村梅野さん・明治35年生まれ）

つまり他の地域では「通りゃんせ」として、学校唱歌でも歌われているよく知られた、次の歌と同じ意味を持っているのである。

通りゃんせ　通りゃんせ
ここはどこの細道じゃ
天神さまの細道じゃ
ちいっと通して　くだしゃんせ
ご用のない者　通しゃせぬ
この子の七つのお祝いに
お札納めに参ります
行きはよいよい　帰りは恐い
恐いながらも　通りゃんせ　通りゃんせ

どうして東伯郡内の「お月さんなんぼ」に限って、他地方のようにお月さんを愛でるのではなく、くぐり遊びの歌に特定されているのだろうか。その理由はよく分からない。

ついでに前回紹介した江戸時代、鳥取藩士・野間義学の『古今童謡』をもう一度参考までに挙げておく。

お月さまなんぼ　十三　七つ
な、おり着せて　京の町に出いたれば
笄落とす、　はな紙落す
かうがい紺屋が拾ふ　はな紙はな屋が拾ふ、

泣いてもくれず　笑ふてもくれず
何ぼ程な殿じゃ
油壷からひき出いたやうな
小男々々

同じような「お月さんなんぼ」の歌でありながら、少し離れた地方になると、このように内容が微妙に違っているのである。

26 お月さんなんぼ（外遊び歌・東伯郡北栄町）

お月さんなんぼ　十三ここのつ
そらぁまんだ若いぞ
若うはござらぬ　いにとうござる
行きはよいよい　もどりはこわい
（伝承者・東伯郡北栄町島　大東節子さん・明治42年生）

昭和五十六年十月十一日にうかがった。前回の例として東伯郡三朝町大谷の歌を紹介し、解説の中で今回の歌も引用したが、鳥取県立博物館のホームページに両者とも登載されているので割愛する訳にいかず取り上げた。

ただ、今回はやや趣向を変えて、島根県の事例を紹介しておきたい。

筆者がやや奇異に感じたのは島根県西部の同類であった。たいてい「十三ここのつ」とうたわれているところが、浜田市三隅町では「二十三にこのつ」なのである。事例を挙げておこう。

浜田市三隅町古市場の場合、

お月さんなんぼ　二十三にここのつ
それにしちゃ若いぞ
若い若い道理　紅鉄漿《べにかね》つけて　おしろい塗って
京へ参る道で　息子　孫　拾うて
お千に抱かしょ　お千はいやいや
お万に抱かしょ　お万もいやいや
隣の婆さん　ちょっと来て　抱ぁてんだ

（西田ヨネさん・明治21年生）

鳥取県内のものと大きく違っている。

さらに西の歌を見ると鹿足郡吉賀町柿木村では、「お月さん」ではなく、そこを「アトさま」と古風な呼び方をする歌もあった。

アトさまなんぼ　十三ここのつ
それにしちゃあ若いの　若いこたぁ道理
胴馬《どうま》へ乗せて
あっちへじろり　こっちへじろり
じろりの中で　よい子を拾うて
お千に抱かしょ　お千はいやいや
お万に抱かしょ　お万もいやいや
お万が部屋を　今朝こそ見たら
金の屏風に鹿子《かなこ》の枕

（小田サメさん・明治31年生）

柳田國男はその著『小さきものの声』の中で、「アトさま」は「ああ尊い」から来ていると述べている。つまり月を信仰の対象として拝んでいた人びとの呼称の名残と見ているのである。

もう一つそれの変形と考えられる事例が松江市八束町入江にあった。

アタさんなんぼ　十三ここのつ
そらまんだ若いぞ
若うはござらぬ　いにとうござる
いなさる道で　砂糖餅買うて
だれにやろか　お万にやろか
お万が部屋は　今こそ見たれ

金襴緞子《きんらんどんす》のキリコの枕

（吉岡鶴之助さん・明治38年生）

同じような「お月さんなんぼ」の歌であっても、地方によってこのように大きく変わっているのである。

27 大門口から

（手まり歌・西伯郡日吉津村）

西部

大門口から　揚屋《あげや》の前まで
三好高さん　みなみなどうじゃ　見事なことよ
行き先々花見が咲いて　豊さん　文さん
涙が島の高岡しんさん　ふるないそねがわ
錦早織り　たつたの銀しゃ　風車よとおめおめ
さぁさ　ぬっ手の枕で　からたちぬ川
せんせんとんと　やっとんとんなら
ちょと百ついた
（伝承者・西伯郡日吉津村富吉　大道ふさよさん・明治34年生）

江戸時代に各地でうたわれていた手まり歌であるが、鳥取県西部地方と島根県出雲地方の古老から、ときおり聞き出すことのできた歌である。松江市竹矢町ではこうなっていた。

大まん口から　揚屋の前まで

三好高さん不味《ふまい》の近じょ　みなみな同士ゃ
見事なことよ　行き先々花芽が咲いて
豊さん　文さん　なんだが縞の
坂尾がしんびょで　紅《くれない》さんしが
うれしき早織り　確かなきんにょ
おめぐりさまよと　からぐりさまよ
向こうの衆に渡いた

（角田タケさん・明治24年生）

さて、江戸時代の同類は、文化七年（一八一〇）刊の式亭三馬著『浮世風呂』二篇巻之上（女湯の巻）に出ていた。

大門口　あげ屋町　三浦高浦米屋の君
みなみな道中　みごとなこと
ふりさけ見よなら
花紫　相がわ　清がわ　あいあい染がわ
錦合わせてたつたの川　あのせ　このせ
やっこのせ　向こう見いさい　新川見いさい
帆かけ舟が二艘《そう》つづく　あの舟に
おん女郎乗せて　こん女郎乗せて
あとから家形が　押しかける
やれ止めろ　船頭止めろ
止めたわいらに　かまうと　日が暮れる
お月は出やる　それで殿御のおん心
それ百よ　それ二い百よ　それ三百よ（中略）
とどめて一貫貸した　せんそうせん

天保初年（一八三〇）ごろ書かれた高橋仙果著『熱田手鞠歌』にも同類は出ているが、省略する。

石村春荘氏は、その著『出雲のわらべ歌』（昭和38年・自刊）で、「（江戸）吉原のおいらん道中の華やかさをたたえたもの」としておられる。案外そうだったかも知れない。当時の女の子のあこがれをうたったのだろうか。

わたしが日吉津村の大道さんや松江市の角田さんからうかがったのは、いずれも昭和五十九年のことであった。当時、大道さんは八十歳、角田さんも九十歳を越えておられたから、ご高齢だった。この歌もお二人よりも若い年代では、もう知っておられる方はないと断言しても大きな間違いはなさそうである。

28 和尚さん　和尚さん　どこ行きなんす（鬼遊び歌・八頭郡八頭町）

東部

和尚さん　和尚さん　どこ行きなんす
わたしは　丹波《たんば》の篠山《ささやま》に
そんならわたしも　連れしゃんせ
子どもの道連れ　邪魔になる
この和尚さんは　どう欲な
それなら後から　ついて来い
転ぶなよ　すべんなよ
あら和尚さん　こけました
おまえの性根は　どこにある
腰からストーンと　抜けました
（伝承者・八頭郡八頭町船岡　浦林寿男さん・昭和15年生）

鬼遊びの中の「目隠し鬼」の歌の一つがこれである。

鬼になった子どもが一人、しゃがんで目隠しをする。まわりを他の子どもたちが輪になって手をつなぎ、うたいながら回る。歌の終わったところで鬼は目隠しのまま、後ろの子どもを手で探って名を当てる。うまく当たれば鬼はその子と交代、当たらなければ再び鬼をくり返す。現代の子どもたちにも、歌はうたわれているようだ。

この遊びについて、柳田國男はその著『小さき者の声』（角川文庫ほか）の中で、昔の神降ろしの信仰の模倣から出たものであると述べている。

ところで、この歌ですぐに思い出されるのが「坊さん坊さんどこ行くの」の歌であろう。島根県雲南市木次町の場合。

坊《ぼん》さん坊さん　どこ行くの
わたしは田圃へ　稲刈りに
ほんならわたしも　連れてって
おまえが来ると　邪魔になる
こんな坊さん　くそ坊さん
後ろの正面　だぁれ

（内田絹子さん・昭和15年生）

仲間にはこの他「かごめかごめ」の歌が見られる。この方は、あまり地方的な違いはないので、事例を省略し、「中の中の小坊さん」について紹介しておく。まず八頭郡八頭町門尾の例。

中の中の小坊さんは　なんで背が低いやら
えんまかじわら　いしゃしゃにこごんで
後ろの正面　だぁれ

（中山政子さん・大正4年生）

出雲市大社町では、

中の中の小坊さんは　なぜ背がひくいやら
エンマの腰掛けに　ヨチヨチしゃがんだ
一皿　三皿　四皿　目の鬼が　ヤエトを連れて
アテラか　コテラか　金仏

（手銭歳子さん・大正7年生）

こうなる。この「ヤエトを連れて、アテラか、コテラか」については、意味不明であるが、鳥取県日南町ではこの部分が、「お馬《んま》の蔭でヤイトをすえて、熱や悲しや……」となっていることから、大社のこの部分も、本来は「ヤイトをすえて、熱や悲しや金仏」であったものが、変化したと推定されてくるのである。

29 人も通らぬ山道を

（手まり歌・東伯郡琴浦町）

一つとせ　人も通らぬ山道を
おさよと源兵衛が　通《とお》たげな　通たげな
二つとせ　二股《また》大根は　離れても
おさよと源兵衛は　離りゃせの
のう　源兵衛さん
三つとせ　見れば　見るほどよい男
おさよが惚れたも　無理はない
のう　源兵衛さん
四つとせ　用のない街道　二度三度
おさよが見たさに　逢いたさに
のう　源兵衛さん
五つとせ　いつも流行《はや》らぬかんざしを
おさよに挿させて　姿見る
のう　源兵衛さん
六つとせ　無理に締めたる腹帯を
緩めてください源兵衛さん
のう　源兵衛さん

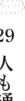

七つとせ　何も言いまい　語るまい
おさよが見たさに　逢いたさに
のう　源兵衛さん
八つとせ　焼けた屋敷に　小屋建てて
おさよと　源兵衛さんが　所帯とる
のう　源兵衛さん
九つとせ　ここで添われにゃ　どこで添う
極楽浄土の道で添う
のう　源兵衛さん
十とせ　遠いところに　行かいにも
さい前さんの　肌に添う
のう　源兵衛さん

(伝承者・東伯郡琴浦町高岡　高力みや子さん・明治36年生)

高齢の方からしか聞けない歌である。
中には、倍の二十番までのものもあった。八頭郡智頭町波多のものを十一番から紹介する。

十一せ　十一せ
いちいちわたしが　悪かった
こらえてください
源兵衛さんの　源兵衛さん
十二とせ　十二とせ
十二薬師に願掛けて　おさよの病気が
治るよにの　治るよに
十三せ　十三せ
十三桜は山桜　おさよと源兵衛は
色桜の　色桜
十四とせ　十四とせ
死出の山辺は針の山　手に手を取って
二人連れの　二人連れ
十五とせ　十五とせ
十五夜お月さんは　夜に余る
おさよと源兵衛は　目に余るの　目に余る
十六せ　十六せ
十六ムサシを　指すときにゃ
教えてくだされ
源兵衛さんの　源兵衛さん
十七せ　十七せ

質に置いたる帷子《かたびら》を　請《う》けてくだされ
源兵衛さんの　源兵衛さん
十八せ　十八せ
十八蠍《さそり》は　垣をはう　おさよと源兵衛は
ねやをはうの　ねやをはう
十九とせ　十九とせ
十九嫁入りは　まだ早い
せめて二十歳《はたち》か二十一か
二十《はたち》とせ　二十とせ
機《はた》もだんだん　縞機を
これこそ　源兵衛さんの
夏羽織の　夏羽織

（大原寿美子さん・明治40年生）

30 青葉しげちゃん 昨日は（手まり歌・米子市観音寺）

青葉しげちゃん　昨日は
いろいろお世話になりました
わたしも今度の月曜日
東京の女学校に　上がります
あなたも　よくよくご勉強
なされてください　頼みます

（伝承者・米子市観音寺　浦上房子さん・昭和４年生）

手まり歌としてうたわれていた。年代としては、九十代以上の方々にとって特に懐かしい歌ではないかと思われる。

この替え歌でもあるわらべ歌は全国的にうたわれていたようで、明治生まれである和歌山県出身のわたしの母も知っていた。これは手まり歌ではあるが、本歌は明治三十二年（一八九九）に熊谷久栄堂から出版された『湊川』という歌の本に出ていた。その替え歌ということになる。

作詞は落合直文。この本では十五章からなっており、そのうちの初めの六章が、特に「桜井の決別」という小見出しがついており、その最初の部分が「青葉しげちゃん」の本歌になる。せっかくなので、二章までを紹介しておこう。

青葉茂れる桜井の
里のわたりの夕まぐれ
木《こ》の下蔭に駒とめて
世の行く末をつくづくと
忍ぶ鎧《よろい》の袖の上《え》に
散るは涙かはた露か

正成《まさしげ》涙を打ち払い
我子《わがこ》正行《まさつら》呼び寄せて
父は兵庫に赴《おもむ》かん
彼方《かなた》の浦にて討死《うちじに》せん
いましはここまで来《きつ》れども
とくとく帰れ故郷《ふるさと》へ
（金田一春彦・安西愛子編『日本の唱歌』［上］明治編より引用）

なお、「桜井の決別」という小見出しであるが、後には「青葉茂れる桜井の」という題になってうたわれていた。

この物語は、歴史上よく知られた、室町時代末の建武の新政の失敗から約半世紀、戦国時代に移る途中を、南北朝時代と呼んでいるが、その南朝方の武将、楠木正成とその子、正行についてのエピソードをうたっている。

第二次世界大戦まで、小学校教育の国語や歴史、修身などで取り上げられていた美談であった。したがって、子どもたちには親しまれた歌でもあった。

けれども、子どもの世界にあっては、そのような話よりも、主人公を身近な友人にふりかえて、「青葉しげちゃん」なる人物としてうたっている。そして東京の女学校に進学するため、地方から上京するのが別れの理由ということになっている。また、「しげちゃん」の方も、「あなたもよくよくご勉強、なされてください。頼みます」と言っている。

明治、大正のころに流行《はや》りだした替え歌である。当時、上京することと、女学校に進学することは大変なことだった。教育は小学校だけで終わる場合が普通だったから、この歌は一般の家庭の子どもたちにとって、一種のあこがれの姿を示しているのかも知れない。

31 カラス　カラス　勘三郎（カラスの歌・鳥取市鹿野町）

東部

カラス　カラス　勘三郎
親の家が焼けるぞ
早いんで　湯うかけ　水うかけ
（伝承者・鳥取市鹿野町大工町　竹部はるさん・明治31年生）

しだいに秋らしくなってきた。そのような夕焼け空の中をねぐらをさして急ぐカラスのシルエットは、もともとカラスの黒い身体がいっそう黒く強調されて不思議なロマンが漂う。そのようなことからか、カラスは子どもたちにはとりわけ親しまれた鳥といえるのではなかろうか。

ところで、大人には、「カラス鳴きが悪いと、近くに死人が出る」とか「カラスがカーァと長く鳴くと近く死人が出る」など、どこか不吉な前兆を呼ぶ鳥とイメージされ、子どもの感覚とはずいぶん違うようである。

一方、カラスは神の使いなどの霊鳥として意識されていることもある。島根県隠岐郡西ノ島町にある焼火《たくひ》神社の主祭神である焼火の神が、その場所に収まられるのに、カラスが道案内をしたという伝説などがその例である。鳥は天界と人の世界を結ぶ存在として考えられていた信仰が、カラスの両極端な言い伝えになったものであろう。

さて、竹部さんの歌は夕焼け空をカラスの家の火事による炎と捉えているが、類歌も各地でうたわれている。

また、「親の恩を忘れるな」というものも中部から西部にかけて認められる。試みに西伯郡伯耆町久古のものを紹介しよう。

カラス　カラス　勘三郎
親の恩を忘れんな

（西賀世智子さん・大正元年生）

これなど現代の子どもたちにもしっかり味わってもらいたいものだ。

今ひとつ、「鉄砲撃ちが……」というタイプの歌が東部から中部にかけて認められた。岩美郡岩美町田後の歌をあげておく。

カラス　カラス　勘三郎
後先に鉄砲撃ちが　来ようるぞ
早いんで　水かけ　樽かけ
ドーン　ドン

（山田てる子さん・明治35年生）

以上あげた三種類のものが、おおむねカラスを見てうたう歌である。もちろんこれらはかなり昔からうたわれていた模様で、そのような資料もいろいろあるが、江戸時代の元禄五年（一六九二）生まれで鳥取藩の武士だった野間義学が集めた『古今童謡』に出ている同類を紹介しておく。

カラス　カラス　かめんじよ
おばか家か焼けるやら
空のはらが赤いぞ　早う行って水かけ　水かけ

ときおり述べるが、これまで世界一古いわらべ歌集と言われていたイギリスの大英博物館に残されている『親指トムの唄』より、『古今童謡』は十数年余りも古いのである。

32 亥の子さんの夜さ（歳事歌・東伯郡三朝町）

中部

亥《い》の子さんの夜さ　祝わぬ者は
鬼を産め　蛇《じゃ》産め　角《つの》の生えた子産め
あー　餅ごししゃれ　餅ごしゃれ
（伝承者・東伯郡三朝町曹源寺　川北すゑさん・明治35年生）

旧暦十月の亥の日は、多くのところで炬燵《こたつ》を出す日といわれている。また亥の子の神は農神とされ、この日大根畑へ入ってはならない。大根がはしれる音を聞いたら悪いからという伝えも多い。島根県鹿足郡吉賀町柿木村椛谷では、初亥で神が田から大根畑まで帰られ、中亥で戸口の敷居まで帰られ、三番亥で神棚に上がられ、正月の神であるトシトコサマになるとされている。

この日の晩には各地で、子どもたちが歌をうたいながら亥の子搗きをして回り、餅などをもらって歩いたりしていた。

三朝町曹源寺・川北貞市さん（明治40年生）は、この日、子どもたちは藁づとの中芯に茗荷《みようが》を入れ固くくくり、小学校三、四年生ごろの子ども三、四人ぐらいで家の門をついて回り、餅を三つくらいずつもらったと話していた。この日はオハギを作ってもらって食べたとする大山町樋口の例（吉田しもさん・明治41年生）もある。そして米子市尾高出身の桑名中子さん（明治33年生）は、この日初めて炬燵《こたつ》を出したが、炬燵に当たりながらこの歌はうたったものだった、と話していた。

歌の詞章は、各地とも大同小異であるが、島根県では、やや違ったものも存在していた。まず隠岐郡隠岐の島町今津では、

一つ　二つ　三つ
亥の子祝うかの　祝わぬかの

とうたいながら家の門へ行くが、「祝います」と祝ってくれた家では、

亥の子を祝って　よい旦那
ゲン蔵　金蔵《かね》　建て並べ
繁盛しょ　繁盛しょ

と、誉め口上を述べるが、祝わない場合には、

この子の旦那は　くそ旦那
亥の子を祝わな　くそ旦那
ジンベ　コンベ　角の生えた子産め
（以上・佐々木ハルさん・明治31年生）

と悪口を言い走って逃げたものだとのことである。

また、松江市八束町波入で例えば酒屋さんの前では、

ここはどこのかど　酒屋の前だ
酒がツコ（ツッコウ）売れますか
なかなか売れますよ　それは繁昌　繁昌
（門脇ソノさん・明治20年生）

こう誉めるものだったとのことである。「ツコ（ツッコウ）」というのは、「少々」という意味という。

亥の子の日に各家を訪れるのは、幸せを授ける神々だったのである。

33 一つ二つの赤ちゃんが（言葉遊び歌・西伯郡江府町）

西部

一つ二つの赤ちゃんが
三つ蜜柑を食べ過ぎて
四つ夜中に腹こわし
五ついつものお医者さん
六つ向かいの　看護婦さん
七つなかなか治らない
八つやっぱり治らない
九つこれではもうだめだ
十にはとうとう　死んじゃった
（伝承者・西伯郡江府町御机　岡谷アサ子さん・昭和24年生）

数え歌形式の言葉遊び歌である。

子どもの世界には、いろいろなものを数え歌に詠み込んで、それを楽しんでいる。

この歌は赤ん坊の一生をうたったものであるが、ミカンを食べ過ぎた赤ん坊が急病になって死んでしまうという、とんでもない内容を持っており、このような歌を作らなくてもよいではないかと思われそうではあるが、子どもたちはそんなことには全くおかまいなしに、言葉遊びを楽しんでいる。

ともかく数え歌になっておりさえすれば、それでよいというのか、けっこう厳しい内容の歌をうたっているようだ。

私も子ども時代、似たような歌をうたっていた記憶がある。

類歌ではないが、同じような数え歌として、東部地区の八頭郡八頭町宮谷で聞いた歌を次に紹介しておく。

いっちゃんげの　兄ちゃんが
さんちゃんげーに　しっこして
ごめんも言わずに　ろくでなし
殴ったるけえ　はったるけえ
今度来たら　戸を閉めたるけえ
（小谷美恵子さん・昭和30年生）

これもまた数え歌ではあるが、一種の悪口歌でもあろう。

また、島根県益田市匹見町道川では、

一つ二つ　ハゲがある
三つ醜い　ハゲがある
四つ横ちょに　ハゲがある
五ついがんだ　ハゲがある
六つ向こうに　ハゲがある
七つ並んだ　ハゲがある
八つやけどの　ハゲがある
九つここにも　ハゲがある
十でとうとう　ハゲだらけ
（秀浦信太郎さん・昭和36年生）他

年齢を重ねた人の禿頭は、人生の豊かさを象徴するようで、なかなか貫禄を感じさせるものであろう。しかし、若いときのそれは、本人になってみれば、やはり何としても恥ずかしいものではなかろうか。

ところが、子どもたちの世界ではそのような気持ちを全く配慮せずに、こうして歌の材料にしてしまう。敢えて言えば非情の世界なのである。ここではたまたま益田市匹見町の例を挙げたまでで、類歌は各地に残されている。

今回は、ちょっと厳しい内容の数え歌を紹介した。

34　一つとせ　燭に笈づる杖に笠

（手まり歌・八頭郡智頭町）

東部

一つとせ
燭《しょく》に笈《おい》づる杖に笠　巡礼姿で父母を
尋にょうかいなあ
二つとせ
補陀落《ふだらく》岸うつ　憎まれぬ
松さんお呼ばれ　音高く
響こうかいなあ
三つとせ
見る間にお弓が　立ち上がる
小盆に精米《しらげ》の志
進じょうかいなあ
四つとせ
よもよも巡礼なさんすな
定めしお連れは　親御たち
かわいいわいなあ
五つとせ
いえいいえわたしは　一人旅

父《とと》さん　母《かか》さん　顔知らず
会いたいわいなあ
六つとせ
無理に押しやる　返しやる
少々ばかりの餞《はなむけ》を
進じょうかいいなあ
七つとせ
泣く子を抱いたり　すかいたり
たらかせ　去《い》なせる親心
かわいいわいなあ
八つとせ
山坂海越え川をみり
ここまで訪ねて　来たものに
会われんかいいなあ
九つせ
九つばかりの巡礼が
十呂兵衛館の門口を　入ろうかいいなあ
十とせ
十にもなったか　これお鶴
わが子と知ったら　殺しゃせぬ
かわいいわいなあ
(伝承者・八頭郡智頭町宇波　寺沢ときさん・明治30年生)

昔の手まり歌には、有名な浄瑠璃の演題に題材を取ったものがときおり見られる。第3回に紹介した伊達騒動を題材とした「千松くどき」の「うちのお背戸の茶々の木に」で始まる手まり歌もそうであったが、今回の手まり歌もそのような一つで、江戸時代に書かれた十段物「傾城阿波の鳴門」がテーマとなっている。

原作は江戸時代前期、近松門左衛門の「夕霧阿波鳴門」であり、浄瑠璃はそれを翻案したもの。明和五年（一七六八）六月より竹本座初演であったとされている。

それは阿波徳島の玉木家の宝刀国次が紛失したのを捜すため、浪人となった十郎兵衛が女房お弓と共に賊徒に姿を変え、藤屋伊左衛門たちの尽力で、悪臣小野田郡兵衛の陰謀を暴く筋書きであるが、中でも八段目が名高い。

ここではお弓がはるばる訪ねてきた巡礼姿のわが子お鶴に対し、親子の名乗りをせずに帰し、思い直して後を追ったのではあるが、すでにそのときには十郎兵衛が過《あやま》って、わが子を殺してしまっていたのである。

ここのところがこの手まり歌の中心になっている。詞章の意味不明なところは聞いたまま文字化したからである。

わたしは同類を岩美郡岩美町や鳥取市青谷町でも聞いたが、島根県では、まだ収録を果たしていない。しかし、今となってはその伝承者をもう見つけることは困難になってしまった。

35 熊さん　熊さん　まわれ右

（ゴム跳び歌・東伯郡琴浦町）

中部

熊さん　熊さん　まわれ右
熊さん　熊さん　両手をついて
熊さん　熊さん　片足あげて
熊さん　熊さん　お手々をついて
熊さん　熊さん　さようなら
（伝承者・東伯郡琴浦町高岡　高力美和子さん・昭和22年生）

これはゴム紐を持った子が二人、その紐の両端を持ち、いろいろな高さにゴムを固定させて、他の子どもたちが「まわれ右」ではその動作をしてゴムを跳び越える。「両手をついて」では、やはりその動作をして跳び越えるといったやり方で遊ぶ。もしも足に引っかけて跳ぶことに失敗すれば、その子はゴム紐を持つ子と交替するのである。

ところで、同類を捜してみると、稲村謙一編著『鳥取のわらべ唄』（昭和59年・鳥取市社会教育事業団）に当時の岩美高校が集めたわらべ歌の中に

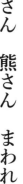

ほぼ同じ「熊さん」で始まる歌があった。
しかし熊さんを主人公としたものとしては、わたしはこれ以外に鳥取県ではまだ見つけていない。ただ、隣県の松江市美保関町下宇部尾では、次の歌が見つかった。

熊さん　熊さん　両手を腰に
熊さん　熊さん　両手をついて
熊さん　熊さん　帰りましょ
（下宇部尾地区の子どもたち・氏名不詳）

また、石見地方の浜田市三隅町井野東大谷でも次の歌があった。

熊さん　熊さん　おはようさん
熊さん　熊さん　まわれ右
熊さん　熊さん　両手をついて
熊さん　熊さん　さようなら
（竹内ゆみえさん・昭和24年生）

ところで、歌の主人公が熊ではなく、猿となっている歌もある。江津市桜江町川越でうたわれていた。

猿さん　猿さん　まわれ右
猿さん　猿さん　お手ついて
猿さん　猿さん　片足あげて
猿さん　猿さん　もういいよ
（服部和美さん・昭和50年生）

熊を猿に言い換えただけで、まったく遊び方は同じである。子どもの自在な思考力が、このように何の抵抗もなく、歌の主人公を別な動物に変えて、新しい歌を作り出していくのであろう。
そうして想像の翼を広げていくと、「犬さん」「豚さん」「鳶さん」「鳩さん」……など、二音節からできている動物なら、どれにでも置き換えてゴム跳び歌にすることが可能であることに気づく。
このことから子どもたちの創作力はすばらしいことが分かる。実際、わたしたちの知らないところで、案外、そのような歌がうたわれているかも知れないのである。

西部

36 サイの神さん　十五日（歳事歌・米子市淀江町）

サイの神さん　十五日
おせらちゃ　参ゃぁに
子どもらちゃ　参ゃぁらんか
（伝承者・米子市淀江町佐陀一部　長沢糸枝さん・昭和元年生）

路傍の神の一つである「サイの神」は道祖神《どうそじん》として村峠などの境界に位置し、疫病《えきびょう》神や外部の悪霊《あくりょう》などの招くべからざる侵入者を防ぎ、そこに住む人々や村を守るために祭られている。

わたしの調べたところではこれ以外では西伯郡と日野郡に、サイの神参りにうたわれていたわらべ歌があった。案外、その周辺地域にもあるのかも知れないが、わたしは、まだ見つけていない。ただ、県境の島根県仁多郡奥出雲町竹崎で、一例、以前それを知らされたことがある。

ところで、おもしろいことに、この神の性格は因幡地方と伯耆地方とではまったく正反対である。因幡地方でのこの神は縁切りの神とされ、嫁入り、婿入りの道中はこの神を避けて通る。また、子どもの咳《せき》を治す神ともされている。供え物としては、大ワラジとか大ゾウリなどを片方だけつり下げておく。つまり村境の峠や辻に立つ旅の神、道の神ということを示し、「この村にはこれを履くような大男がいるぞ」と恐れさせて、悪病神の入るのを防ぐ役割を果たさせている。また、別に足の病気を治してもらう神との意味もあるようだ。

一方、伯耆地方では、縁結びの神と考えられ、十二月十五日の早朝お参りすると、良縁が得られるとされている。供え物としてはワラ馬に団子と炭を負わせたものである。また、椀《わん》に穴を開けたものを供えると耳の病が治ると言われている。

ここに紹介した歌は、おせ、つまり大人たちはサイの神様に早くお参りしているのだから、子どもたちも早くお参りし、良縁を授けてもらいなさい、と朝寝を戒めているのである。

西伯郡南部町福成坂根の桑名中子さん（明治33年生）からうかがったのは、

サイの神さん　十五日《じゅうごんち》
子どもらちゃ参るが　おせらちゃ参らんか

と、逆に大人たちをせかしている。けれども、日野郡日野町福長井の原では、

サイの神は十五日
おせも子どもも　みな参れ
（沼田スミ子さん・大正元年生）

とうたっている。これは大人も子どもも、共にお参りしようと呼びかけた内容になっているのである。

最初にあげた歌をうたってくださった長沢糸枝さんの話では、この日、藁で馬とツトを作り、藁ツトに団子を入れて馬に背負わせてお参りし、後でその馬を燃やして焼いた団子を食べた。朝早く

参ると、サイの神さんは「あれとこれと夫婦」と丁寧に縁を結んでくれるが、遅く参ると「あれ、これ、あれ、これ」と急いでしまわれ、良縁にありつけないといわれているとのことである。

東部

37 向こう通るは　お千じゃないか（手まり歌・八頭郡八頭町）

向こう通るは　お千じゃないか
お千こりゃこりゃ　なして髪解《と》かぬ
櫛《くし》がないのか　油がないのか
櫛も油も　カケゴにござる
何がうれしゅて　髪ときましょに
父は江戸に行きゃる　信二郎は死にゃる
一人ある子を　おくまとつけて
馬に乗らせて　伊勢参りさせて
伊勢の道から　馬から落ちて
落ちたところが　小薮でござる
竹のトグリで　手の腹ついて
医者にかきょうか　目医者にかきょか
医者も目医者も　わしの手に合わぬ
とかく吉岡の湯が　よかろ
スットントトンヨ　また百ついた

（伝承者・八頭郡八頭町門尾　中川みつ子さん・明治43年生）

昭和五十五年十一月二十三日にうかがった。

この手まり歌は前半部には生活の厳しさが滲んでおり、何ともいえないわびしさが漂っているが、後半部ではそれとは一転して伊勢参りをさせた女の子のエピソードに変わり、さらに吉岡温泉のコマーシャルソングのような終わり方となっている。

類歌は鳥取市用瀬町、佐治町、岩美郡岩美町、八頭郡八頭町日下部などでも収録しているが、詞章の内容から見て、これは江戸時代にはうたわれていたに違いないと思われる。

この仲間の歌は中部地区ではまだ見つけていない。西部地区では、次に紹介するように、西伯郡大山町高橋で次の一例だけ見つかった。しかし、例外的なのでこの歌は東部地区を中心にして伝承されていると考えてよさそうである。

お千こりゃこりゃ　なして髪とかぬ
櫛がないかや　油がなぁいか
櫛も油も　カケゴでござる
何がうれして　髪ときましょに
とっつぁん死なれる　格さんお江戸
いとし殿ごは　出雲に行きゃる
出雲土産にゃ　何々もろた
一にゃ笄《こうがい》　二にゃまた鏡
三にさらさの帯までもろて
帯にゃ短し　襷《たすき》にゃ長し
笠の緒にすりゃ　ポロリと解ける
（塩田ユキさん・明治40年生）

前半部分は共通しているが、後半部はかなり違い、夫の出雲旅行の土産の品を、あれこれと披露している。それにしても最後のオチはちょっとユーモラスである。

歌の詞章が連鎖反応的に展開され、少し前の詞章とは、あまり関連を感じさせないのは、手まり歌にはよくある手法なので、例えてみればこれは一種の連歌のようなつながりになっているということができるのではなかろうか。

38 一人来た　二人来た（言葉遊び歌・東伯郡北栄町）

一人来た　二人来た　三人来た
寄って来た　いつのこった
難しい　何のこった
やかましい　ここの間《あいだ》ぁ　通らせん
（伝承者・東伯郡北栄町米里　山本鶴子さん・明治28年生）

中部

子どもたちが寄り合って遊んでいるさい、だれか一人が何かのはずみでこの歌をうたい出すと、つられて面白がった他の者もそれに合わせ、いつしかみんなで大合唱になっている。そのような他愛もない感じの言葉遊び歌である。

ところで、これは一から十までの数字を順に取りいれた、数え歌形式になっていることに気づく。そして他の地方に類歌はないかと調べてみると、島根県浜田市金城町雲城や広島県山県郡北広島町八幡でも見つけたが、江津市桜江町川越では意外な形に加工されて存在していた。

それはお手玉で遊ぶおりにうたわれている「おさら」の歌の後半部になっているのである。次に紹介しておこう。

おさら　お一つ　お二つ　おさら
おお三つ　おさら　おお四つ　おさら
おお五つ　おさら　お載《の》せ　おさら
おつかぁみ　おさら　おさら　おちゃりんこ
おさら　手左　おさら　おってんぶし　おぶし
お馬《んま》さんの乗り換え　乗り換え　お馬さんの
着せ替え　着せ替え　おさら　手ばたき
手ばたき　おさら　おぶして　おさら
お狐　お狐　おさら
小さい橋こんぐれ　おさら
中《ちゅう》橋こんぐれ　おさら
大きい橋こんぐれ　おさら
一人来て　二人来て　みっともない子が
寄って来て　いつ来ても無理ぅ言う
何があっても　やぁりゃせん
今度来りゃ戸を閉める　おさら　しぶしぶ
（大屋イク子さん・昭和29年生）他

こうして両者を比べると、鳥取県中部の歌は、島根県西部と遠く離れながらも「一人来た……」と歌の発想は共通しているといえるのではなかろうか。そして江津市桜江町の方であるが、お手玉歌である「おさら」の後半部になっていることを、どのように考えればよいのだろうか。

わたしはこれまでに、いろいろな「おさら」の歌を、各地で聞いているが、このような部分を持った同類には、まだ他で収録したことがない。

このようなところから考えると、桜江町の歌は、元来、北栄町のように別個に存在していた歌が、子どもたちの恣意のままに融合されて、一つのものになったと解釈してよいのではないかと思われるのである。

わたしは桜江町の歌を見るたびに、わらべ歌詞章の離合集散について、考えさせられるのである。

39 うちの隣の 赤猫が（手まり歌・米子市富益町）

西部

うちの隣の赤猫が　牡丹《ぼたん》しぼりの着物着て
足袋《たび》屋の暖簾《のれん》に腰掛けて
もうしテッさん　足袋一足おくれんか
猫さんの履《は》く足袋　どんな足袋
金襴緞子《きんらんどんす》のネズミ色
猫さんが履いたらよい女房　あらよい女房
（伝承者・米子市富益町　松下ゆきこさん・明治35年生）

昭和五十六年十月二十五日にうかがったものである。

猫が主人公になったわらべ歌は珍しい。これまでに鳥取県ではいくつか見つかったが、島根県ではまだ聞いていない。

さて、この歌では、猫はなかなかおしゃれである。「牡丹しぼりの着物」を着て「足袋屋の暖簾に腰掛けて」というのであるから。

ところで、この牡丹絞りの着物とは、おそらく鮮やかな赤紫色で、まだらに染めて着物に仕立てたものをいっているのであろう。そして主人公の猫は、足袋屋の暖簾に腰を掛けているという、ちょっと粋《いき》で姐御《あねご》さん風な身のこなしを示しているる。そして「もうしテッさん、足袋一足おくれんか」という言葉遣いも、どこか芸者風な感じがするようだ。

そして最後に注文した足袋の色が「ネズミ色」というのであるから、ご愛敬である。猫とネズミは、昔から仇同士といったことで、わたしたちは認識しており、ここで一度にユーモラスな気分にさせられてしまう。

要するに猫の動作を観察すると、やわらかい身のこなしが、このような芸者風な女性のイメージに通じるところをうたっているのであろう。

そうして考えると、これは観察の緻密さから生まれた手まり歌といえるのではあるまいか。

さて、この歌を凝縮したような次のような手まり歌が、東伯郡北栄町に存在していた。

猫が呉服屋に　足袋買いござる
足袋は何文　何の色
にゃにゃ文半のネズミ色
（乗本かなえさん・昭和6年生）

足袋の大きさを示す文数を問うと、猫の「にゃぁ」という鳴き声を擬して「七文半」と答えることにしているところにユーモアがこめられている。また好みの色は、米子市の歌と同じくネズミ色なのである。

ところで、終わりに猫を素材にしているが、更に簡単なものを紹介しておこう。これは米子市熊党で見つけたものである。

猫ちゃん　猫ちゃん　おめでとう
（くり返して「うたう」）
（松下幸子さん・昭和22年生）

あるいはこの歌は、本来、まだ前後に詞章がついていたものが、伝承の過程でそれが脱落してしまったのかも知れない。

また、伝承者の生年から考えて、後になるほど若い方であるのも、伝承の変化を暗示しているような感じを受けさせるのである。

40 中の中の　小坊さんは（手まり歌・岩美郡岩美町）

東部

中の中の小坊さんは　なんで背が低い
てんま梶原の　ボシャさんにかがんで
それで背が低い
もひとつ回りましょ　もひとつ回って
お礼参りに　参りましょう
三度目がじょうずめ　もひとつ回って
じょうずめ

（伝承者・岩美郡岩美町田後　山田てる子さん・明治35年生）


昭和五十五年八月二十五日にうかがった。

子どもたちが手をつないで輪を作り、歌をうたいながら回っている。その輪の中に鬼になった子どもが両手で目をふさいでしゃがんでいる。

歌が終わったところで、しゃがんでいる子どもは、後ろになった子どもの名前を言い当てる遊びである。八頭郡八頭町門尾でも同類は次のようにうたわれていた。

中の中の小坊さんは　なんで背が低いやら
えんま梶原　イシャシャにごんで
うしろの正面だぁれ
（中山政子さん・大正4年生）

中部の東伯郡琴浦町高岡では、

中の中の小坊主子《こばずご》　わやなして背が低いだ
モクロギなんぞに　頼まれて
それで背が低いだ
（毎田すゑのさん・明治26年生）

モクロギとは何者か不明であるが、それに頼まれて背が低いということになっている。

ところが、同郡湯梨浜町宇野の歌では、理由が「運動しないから」ということになっており、同町の他地区でも同様である。

中の中の小坊さんは　なぜ背が低いの
運動せぬから　それで背が低いの
（木村梅野さん・明治35年生）

ところで、江戸時代、元禄ごろの鳥取藩士、野間義学も『古今童謡』の中で次の歌を収録している。

はたのはたの子仏は　なぜに背が低いぞ
ゑんまの梶原で　いそいそとかがんだ
かがんだ

次いで次の歌も紹介されているが、「はたのはたの」より後者の「中の中の」の歌が、現在の東部地区での歌に、ぐっと近いことが理解出来る。

中の中の子仏は　なぜに背が低いぞ
えんまの梶原で　いそいそとかがんだ
かがんだ

そうして見ると、これらの歌が、三百年以上の歴史を持っていることが分かる。

前にもときおり触れているが、この『古今童謡』は、これまで世界最古と言われていたロンドンの大英博物館の所蔵するわらべ歌集『親指トムの唄』よりも十数年も前に作られたもので、世界一古いわらべ歌集であることを、鳥取県民としては、大いに誇りたいのである。

41 大寒　小寒（自然の歌・東伯郡琴浦町）

大寒　小寒
山から坊主が　降りてくる
（伝承者・東伯郡琴浦町箆津《のつ》　河本敏蔵さん・明治40年生）

昭和六十一年八月四日にうかがった。

河本さんは、「船上山寺のある船上山に雪が降り出すと、お寺さんは里の方に降りてくるが、それを里の人たちが歌ったもので、これから山陰の冬もいよいよ本格的になってくるのです」と語っておられた。

寒くなってくると、このように「大寒、小寒」の歌を、よく子どもたちはうたっていた。東伯郡三朝町山田の歌は、

大寒　小寒
小寒に行ったら

芋の煮たのを　食ぁさった

（松岡富永さん・明治40年生）

このように寒さを擬人化してうたっており、類歌は多い。初めに挙げた単純な歌の同類はないかと、眺めてみると島根県大田市三瓶町野城で一例だけ収録していた。

大寒　小寒
大寒　小寒
山から小僧が　泣いて来た
何と言って泣いて来た
寒いと言って　泣いて来た
大寒　小寒

（水滝佑子さん・昭和54年生）他

ところで、文献には江戸時代のものに同類が見られる。古いところでは、享和三年（一八〇三）の序がある宗亭著『阿保記録』に次のようになっていた。

大寒小寒、山カラコゾウガ　ナイテキタ

大田市の歌にそっくりであろう。琴浦町の歌にも関連がありそうである。また、幕末期の江戸のわらべ歌やわらべ言葉を収録したとされる岡本昆石編『あづま流行時代子どもうた』は、明治二十七年（一八九四）に出された『続日本歌謡集成』に収められているが、

大寒む　こさむ、山から小僧が
飛《とん》で来た、何《な》ンとて飛《とん》できた、
寒いとツて飛《とん》で来た。

このようになっている。さらに天保初年（一八三〇）頃に刊行されたと思われる高橋仙果著『熱田手毬歌』では、

ヲ、さぶ　こさぶ、
山からおやぢが　ないて来た。

となっている。
変わったものでは浜田市三隅町古市場で、

大寒　小寒
小寒の背中《せな》に　ケケロがとまって
ケケロ　コー
うちの鳥は　いついつもどる
あしたの晩に　塩水汲んで　ケケッともどる
（山根久市さん・大正4年生）

このような歌もあったのである。

42　源がばばさん　焼き餅好きで

（手まり歌・西伯郡伯耆町）

西部

源がばばさん　焼き餅好きで
宵に九つ　夜食にゃ七つ
今朝の茶の子にゃ　百七つ　百七つ
（伝承者・西伯郡伯耆町久古　西賀世智子さん・大正元年生）

風変わりでユーモアを感じさせる内容を持つ手まり歌である。「茶の子」というのは、朝食と昼食の間に摂る食事のこと。鳥取県西部には、ときおり同類を聞くことがあった。次は同郡大山町高橋の歌。

源がばばさん　焼き餅好きで
ゆんべに九つ　夜食に七つ
今朝の茶の子にゃ　百七つ
一つ余って　袂《たもと》に入れて　船に乗るとて
ポテンと落ちて　取るはきょうとし

取らぬも惜しし

（片桐利喜さん・明治30年生）

この方では、初めの歌が「百七つ」で終わっているが後へ、更に物語がつけ加えられて、新しい展開を見せている。なお「きょうとし」は、「恐ろしい」の意味を持つ方言である。

境港市外江町では、

そこを通るは　お千じゃないか
お千ちょと来い　もの言うて聞かしょ
われが叔母さん　焼き餅好きで
ゆんべ九つ　夜食に七つ
今朝の茶の子に百七つ

（浜田泰子さん・明治40年生）

とうたわれていた。

同類を調べると、はるか離れた関東地方の千葉県にもあった。出典は三省堂発行の北原白秋編『日本伝承童謡集成』第三巻　遊戯唄（上）で、次のようになっている。

おらがばばさまは　かき餅すきで、
ゆうべ呼ばれて　十ばけ食らて、
一つのこして　袂《たもと》へ入れて、
お馬に乗るとき　すとんと落した
どこで落した　松戸の宿で、
松戸宿では　誰それ拾った、
松戸宿では　長四郎ひろった、
長四郎くれやれ　女房になるぞ、
わしが女房は　三人ござる、
一人姉さん　太鼓が上手、
一人姉さん　伊達者でござる、
五両で帯買うて　三両で絎《く》けて、
絎目絎目に　七房さげて、
今年はじめて　花見に出たら、
寺の和尚さんに　抱きとめられて、
よしゃれ放しゃれ、帯きりゃさんな、
帯の切れたは　大事もないが、
縁のきれたは　結ばれぬ。

これには千葉県という県名が記されているだけで、細かく市町村名については触れられていないが、それにしても後半の展開が愉快である。

43

郵便屋さん（縄跳び歌・八頭郡八頭町）

東部

郵便屋さん　はがきが十枚落ちました
拾ってあげましょ　一枚　二枚　三枚
四枚　五枚　六枚　七枚　八枚　九枚
十枚　はい　郵便　じゃんけん　ぽん
負けたら　さっさと　お逃げなさい
（伝承者・八頭郡八頭町宮谷　小谷美恵子さん・昭和35年生）

昭和五十五年十一月二十四日にうかがった。

これは二人の子どもが縄をぐるぐる回している中に、さらに二人の子どもが入り、歌に合わせてはがきを拾う動作をし、最後にじゃんけんをして、負けた子どもは去って行くという遊びである。

勝てば中に入っていることができる。また、縄を足などで引っかけたら、その子は縄を回す方に交替するのである。同類は広く存在している。

島根県のものを示しておこう。大田市三瓶町野城では、

郵便屋さん　郵便屋さん
はがきが十枚　落ちました
拾ってあげましょ　郵便屋さん
そら　一枚　二枚　三枚　四枚　五枚
六枚　七枚　八枚　九枚　十枚
ありがとさん
（水滝佑子さん・昭和54年生）他

このように落ちたはがきを拾うという手法は同じである。
ところが、同じ郵便局員を主人公にした縄跳び歌でも、はがきを拾うのとは違い、時間を内容にした歌も存在している。松江市美保関町下宇部尾で聞いたもの。

郵便さん　配達さん　もうすぐすぐ　十二時だ
一時　二時　三時　四時　五時　六時
七時　八時　九時　十時　十一時　十二時
（仁宮百合子さん・昭和26年生）

同じ仲間の歌として、江津市波積南のもの。

郵便さん　配達だ　もうかれこれ　十二時よ
えっさか　まっさか　どっこいしょ
（坂本邦江さん・昭和23年生）

ところで、同様に郵便配達をする人物をあげながら、単なるじゃんけん仲間にしてしまったような取り上げ方もある。松江市八束町波入の歌である。

郵便さん　おはいり　はいよろし
じゃんけん　ぽ　負けたおかたは
出てちょうだい
（門脇良子さん・昭和34年生）

いずれも郵便配達の人を主人公にしている点は共通している。
暑さ寒さをものともせず、雨や雪の日も、毎日配達に精を出す郵便配達の人たちに対して、子どもたちはこのように親しみを持っているのである。

44 日本の鳥は（歳事歌・米子市尾高）

西部

日本の鳥は唐土《とうど》へ渡れ
唐土《とうど》の鳥は日本に渡れ
渡らぬ先に　せり　ナジナ[1]　シジナ[2]
シジシロ[3]　ゴギョウ　タブラク[4]　ホトケノザ
七草そろえて　ヤッホー　ホイヤ

〔注〕（1）なずな　（2）すずな　（3）すずしろ
（4）はこべらか。

（伝承者・米子市尾高　桑名中子さん・明治33年生）

昭和五十八年九月二十三日にうかがった。

一般的には、正月六日に主婦が七草を摘んできて歳神に供え、七日朝、まな板に乗せて、歳神の前でまな板をすりこぎでたたきながらうたう。これは鳥追いと称して、田畑の害鳥や害虫を追い払い、流行病などを避ける行事なのである。

鳥取市赤子田では亭主が七草を乗せたまな板を臼の上へ持って行き、すりこぎでたたきながら、歌を三回くり返した。

同市佐治町尾際では、七草粥をたくとき、歳神の前でまな板の上の七草を、包丁で七回切るまねをした。流行病を日本へ来させないようにする意味だという。

米子市尾高では、恵比須さんの前で、男の子がすりこぎで、女の子が杓子でまな板をたたいて鳥追いをした。米子市淀江町佐陀一部でも二人の子どもにやらせ、子どものいない家では、近所の子どもを頼んで行った。

西伯郡大山町国信でも、正月六日夜、恵比須さんの歳乞《としご》い（祈年）と称して、子どもが行ったという。そのおりの唱え言葉的な歌。

唐土《たいど》の鳥が　日本の土地に　渡らぬさきに
セリやナズナや　七草そろえて繁昌
ホーイホイ
（清水フデヨさん・大正2年生）

鳥取市青谷町北河原では、

唐土の鳥が　日本の島に
渡らぬさきに　ナズナ　七草そろえて
杓子の上持って　スットコテンと　はやいて
ホーイホイ
（村上博さん・明治45年生）

米子市淀江町佐陀一部では、

唐土の鳥は日本に渡る
日本の鳥は唐土に渡る
渡るが先で　セリや　ナズナや七草そろえて
ヤッホン　ホンヤ
（長沢糸枝さん・大正15年生）

隣県の松江市美保関町下宇部尾での歌は、米子市尾高にものによく似ていて次のようである。

日本の鳥は唐土へ渡る
唐土の鳥は日本に渡り
渡らぬ先に

七草そろえて　ヤッホッホ

（仁宮一さん・明治38年生）

春の七草を歳徳神に供えておき、七日早朝、これを刻んで七草粥で祝う。このおりのやり方は、同様である。

45 よいよい　淀江の下の（手まり歌・東伯郡琴浦町）

中部

よいよい　淀江の下《しも》の　茶畑　室町
吉良屋のお豊　お豊二十三　まだ嫁ならぬ
嫁になるとて　男にほれて
ほれた男に　櫛《くし》買うてもろて
櫛は何櫛　たいわの甲櫛
挿せば目にたつ　挿さねばすたる
川に流せば　柳にとまる
柳切るとや　川柳　川柳
（伝承者・東伯郡琴浦町湯坂　毎田すゑのさん・明治26年生）

昭和五十八年七月十日にうかがった。
どこか江戸時代の風俗を思い浮かべる内容である。同類は東伯郡から西伯郡にかけて分布している。西伯郡大山町石井垣の同類を紹介しよう。

よいよい　淀江の下の　下のゲンナン
もよのお豊　お豊二十三　まだ嫁ならぬ

嫁になるとて　男にほれて
ほれた男に　櫛買うてもろて
柄は何櫛　たいまの黄櫛
挿せば目にたつ　挿さねばすたる
川に流せば　柳にとまる
柳切りとや川柳　さあ川柳

（福富フユさん・明治29年生）

稲村謙一編著『鳥取のわらべ唄』に昭和十二年刊『汗入史綱』（鳥取県西伯郡教育会第五教育組合国史研究部編集）の次の歌が転載されていた。

よいよい淀江の　しものきのさん
きのやの娘　京にのぼって　男にほれて
ほれた男に　くしこてもろて
くしは何くし　たいまのくしで
させば目にたつ　ささねばすたる
川に流せば　柳にとまる
柳切り取りゃ川柳　さあ川柳
ヤットントンノ　チョト　百ついた

それにしても、手まり歌には、恋愛もどきの歌が存在している。島根県鹿足郡吉賀町田野原の例を挙げる。

わしが姉さんは　三人ござる
一人姉さんは　太鼓のじょんず
一人姉さんは　ちぢみのじょんず
一人姉さんは　板屋にござる
板で一番　伊達しょで二番
伊達の帯買うて　丹波にくけて
くけめくけめに　七房《ふさ》さげて
しゃんと結んで　お寺に参って
お寺小僧さんに　抱きしゅめられて
お寺小僧さんや　おきゃれ　帯の手が切れた
帯の手の切れたの　つながれしょうが
縁の切れたの　つながれせまい
しゃかポンポン　そら百ついた
ポンポン

（高田夢代さん・大正13年生）

46 唐土の鳥が　日本の島に

（歳事歌・鳥取市青谷町）

東部

唐土《とうど》の鳥が　日本の島に渡らぬ先に
ナズナ　七草そろえて　杓子《しやくし》の上持って
スットコテンと　はやいて　ホーイ　ホイ
（伝承者・鳥取市青谷町北河原　村上博さん・大正元年生）

昭和五十六年八月二十四日にうかがった。

正月六日の晩、七草を神に供え、悪いものを鳥に例えて鳥追いをする行事が昔は盛んに行われていた。

鳥取市末恒の石川ますゑさん（明治35年生）の話では、親の代くらいまでそれを行ったと言い、父がまな板を餅搗き臼の上へ持って行き、七草を載せ、スリコギでがちゃがちゃいわせながらした。そのときにはこの歌をうたい三回繰り返したという。

同市福部町左近出身の浜戸こよさん（明治39年

生・岩美町浦富在住）は、トリノスの上へ七草を載せ、亭主がシャモジ、火箸、スリコギでたたきながらこの歌をうたったと語っている。
　似たようなことだが、東伯郡琴浦町成美出身の毎田定子さん（大正9年生）の話では、六日の夜、豊作を祈って鳥追いをした。トシトコさんにおじいさんの採ってきた春の七草のほか、スルメ、餅、スリコギとご飯シャモジ、火箸などの供えものをして、子どもたちが唱えた。なお、七草は芹《せり》を七枚採って来ることによって代用していたが、おじいさんが亡くなって以後はしていないという。
　この歌の特徴は二つに分かれるようだ。一つは鳥が登場しても「唐土の鳥……」と歌い出すものと、他方は「日本の鳥……」と歌い出すものとである。
　鳥取県では東部に「唐土の鳥……」とうたい出すものが多く、「日本の鳥……」とうたい出すものは中部や西部に多かったようである。米子市尾高のものをあげておく。

日本の鳥は唐土へ渡り
唐土の鳥は日本に渡り
渡らぬ先に　芹　ナズナ　スズナ
スズシロ　ゴギョウ　タブラク　ホトケノザ
七草そろえて　ヤッホー　ホィヤー
（桑名中子さん・明治33年生）

　一つ一つ七草の名前を挙げながらうたうという丁寧な詞章である。
　ところで、島根県でも鳥取県と同様の二つのタイプがある。ここでは松江市玉湯町別所の例を紹介しておく。

唐土《たいと》の鳥が　日本の土地へ　渡らぬうちに
七草そろえて　ステテコ　はやいて
ヤー　ヤー　ヤー　ヤー
（坂本茂吉さん・大正3年生）

　いずれにしても歳神様の滞在している正月に、聖なる数の七つの草を調理して作った、七草粥を食べたり、鳥追いのような行事を行うことによって、歳神様に来るべき農作業を滞りなく行い、同時に豊作をもたらしてくださるよう、人々は真剣に祈っていたのである。

47 しび　しび　あがれ（まじない歌・東伯郡北栄町）

中部

しび　しび　あがれ
京都まであがれ
（伝承者・東伯郡北栄町米里　山本鶴子さん・明治28年生）

不自然な姿勢をとっていると、足先がしびれることがある。このしびれは、時としてはたまらなく辛いものである。そのようなときには、この「しびれ」を取り除くまじないの歌が存在している。

これまでに鳥取県では東部と中部だけでしか採集できなかったし、島根県ではまだこの歌を収録していないが、捜せばきっと似た形で存在していると思う。

さて、この歌では、しびれを擬人化して京都まで行ってほしいとするのである。歌の収録地である東伯郡北栄町から京都までは、相当な距離になるが、そう言ってまでしびれを治したいくらい、しびれることは本当に辛いのである。

この歌からは、このようにしびれ退散の、一刻でも早いことを願う気持ちが、よく表されているではないか。

少し同類を見てみることにしよう。

東部の鳥取市佐治町尾際は、

しびれ　しびれ
飛んで行け

（福安初子さん・大正4年生）


こううたわれていた。この歌を教えてくださった福安さんの話では、左手を回しながら唱えると特に効果があるのだそうだ。どうして左手がよいのだろうか。少しその理由を考えてみよう。

一般的に左というのは、右よりも上位と考えられている。

よその家を訪問した場合、客間へ通されたさい、床の間の左側に座る方が右側の席よりも敬意が高いことになる。この歌で左手を重視するのは、そのような一般的な常識が案外、歌の背景にあるのかも知れない。

しかし、他の地方では、特にそのような説明は聞かなかった。

次に東部の八頭郡若桜町加地の歌を紹介しよう。

しび　しび　あがれ
天まであがれ

（中江りつさん・大正2年生）


しびれを取り除こうと懸命に願う気持ちが、今度は北栄町のように、京都ではなく「天まであがれ」と空への退散を願う形でうたわれている。

一方、中部の東伯郡琴浦町高岡のものは、「しびれ」を擬人化したあげく、上の家で作られる餅と、下の家で炊かれる粥を対比させて、価値の高い餅をついている上の家に行くよう勧めるという変わった構成を取っている。最後にそれを眺めておこう。

しびりかし
上《かみ》へあがれ
上の家にゃ餅がつける
下《しも》の家にゃ粥《かゆ》が煮える
（毎田すゑのさん・明治26年生）

残念ながら隣の島根県では、まだわたしはこの「しびれ」の歌を収録していないが、似たような形で存在しているものと思っている。

48 法師　法師　出串（植物の歌・西伯郡伯耆町）

西部

法師　法師　出串《でぐし》
スギナの孫子
親子三人　ちょいと出え
（伝承者・西伯郡伯耆町溝口　遠藤たいさん・明治32年生）

昭和五十七年一月七日にお宅でうかがった。

春になると野原にツクシが生えてくる。ツクシはお坊さんの頭に似たような、いわゆる坊主のような形をしている。子どもたちはそれを見てツクシを摘みながらうたうのである。

鳥取県ではおおむねツクシのことを法師と呼んでいる。『大辞林』を開けば、「法師」は次のように説明されている。
（1）仏道を修め、仏法に精通し、その教えを広め導く人。僧。僧侶。出家。
（2）法体をした俗人の男子。

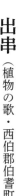

子どもたちはツクシを僧侶、つまりお坊さんの頭に見立てているのである。類歌を紹介しよう。
東部の鳥取市用瀬町鹿子では、

法師ゃどこの子
スギナの継子《まま》
おじの銭ぅ盗んで　鯛を買うてくろうて
鯛の骨が喉《のど》んつまって　ガアガアとぬかいた
（小林もよさん・明治30年生）

同市福部町左近では、

法師　どこの子
スギナのおじの子
おじの銭を盗んで　喉にたって　ガーガー言う
（小谷登美子さん・明治37年生）

同市赤子田では、

法師　法師　どこの子
スギナのまま子
一本法師は出んもんだ
二本三本出るもんだ
（石川ますゑさん・明治35年生）

もう一つ東部の八頭郡若桜町大野では

法師なんの子
スギナの継子
あえて食ゃぁうまいぞ
（兵頭ゆきえさん・大正5年生）

どういうわけかツクシを表現するのに「継子」としているのが多いのに気がつく。ツクシが生長するとスギナになるが、その形がツクシとは余りにも異なっているところからの連想で、このような表現になったのだろうか。
中部の東伯郡湯梨浜町舎人でもほぼ同じで次のように歌われていた。

法師だれが子
スギナの継子
スギナ銭を盗んで
鯛を買ってくらって
喉の骨をたてた

（広富きくさん・明治30年生）

他にもいろいろあるが鳥取県の場合、いずれもツクシは法師と言っている。

第1回で触れておいたが、隣の島根県江津市桜江町川越の場合、法師とは呼ばず、「彼岸坊主」と言っているのは、ツクシが春の彼岸時分に出てくるからだろうが、後の部分を「坊主」と呼ぶのは鳥取県の法師と同じ趣向が働いているのであろう。

東部

49 裏の山から　猿が三匹出た出た（手まり歌・岩美郡岩美町）

裏の山から　猿が三匹出た出た
先の猿はもの知らず　中の猿ももの知らず
後の猿がもの知って
ナマズ川に飛び込んで　ナマズぅ一匹押さえて
手で取るもかわいし　足で取るもかわいし
あんまりかわいそうで　杓子《しやくし》ですくって
トウスミでくくって　オガラでになって
堂の隅に持ってきて　ぎじゃぎじゃと刻んで
あなたに一切れ　こなたに一切れ
だれがが足らん　お万が足らん
お万はどこ行った
お万は油買いに　酢《す》買いに
油屋の門で　牛糞《うしぐそ》にすべって
油一升こぼいた
その油はどうした
赤い犬がねぶった
その犬どうした　たたき殺してしまった

その皮どうした　太鼓にはった
その太鼓どうした　あっちの山から
どんどんどん　こっちの山から　どんどんどんどん
たたき破ってしまった
そのカスどうした
火にくべてしまった
その灰はどうした　ゆうべの風と
けさの風に　ポーッと発《た》って逃げた
（伝承者・岩美郡岩美町田後　山田てる子さん・明治35年生）

山から出てきた猿が活躍する歌は、山陰両県で多い。ところで出だしは似ているが、なぜか後半部は変化している。

山田さんの歌では、途中からお万という女性が主人公に交代したかと思えば、すぐ犬に交代し、そのまま物語が続いて行く。中部の東伯郡三朝町大谷の山口さんの歌ではまた変わった流れになっている。

向こうの山を　猿が三匹通って
前の猿はもの知らず　後の猿ももの知らず
中の中の子猿めが　ようもの知って
言うことにゃ　日本国《にっぽんごく》ぅ歩いて
イワシを三匹拾って
焼いて食っても塩辛し
煮いて食っても塩辛し
あんまり喉《のど》が乾くので　前の川へ飛び込んで
水ぅ一杯飲んだらば　あんまり腹が太うて
かなしきどうりぃ（鐘つき堂へ、の訛り）
泊まって
屁をぶるぶるっと　ひったら
大きなやつは泣くし　こまいやつは笑うし
泣くな笑うな　明日《あした》の市《いち》に　焼き餅買ぁたるぞ
焼き餅の中から　汁が出て言うことにゃ
紅つけるがどこ行く　白粉《おしろい》つけてどこへ行く
にょんにょんにょんに参る　にょんにょんにょんの道に
あっちいちろり　こっちいちろり
ちろ兵衛の子どもが　杓《しゃく》持って遊ぶ
その杓ぅどがあする　その杓はいくらや

ええ麦かける
その麦ゃどがあした
鶴と亀が食った
鶴と亀はどがぁした
峰を越え山を越え
さんばら松ぃ止まった

（山口忠光さん・明治40年生）

いずれにしても愉快な歌ではある。

50 ひとろろ　ふたろろ（羽根突き歌・東伯郡琴浦町）

中部

ひとろろ　ふたろろ　みんみが　よことて
いつやら　婿さん　なんとて　やさしや
ここのはで　取って行った
（伝承者・東伯郡琴浦町別宮　定常静江さん・明治43年生）

これは羽根つき歌である。正月になると女の子たちは羽子板で羽根をついて遊ぶが、歌はそのときにうたわれていた。歌の中身は、よく眺めれば一から十までの数え歌形式になっているが、その意味の方はあまりはっきりとは分からない。
また、同じ中部地区であっても、同郡湯梨浜町宇野の歌は少し違っている。

ひといろ　ふたいろ　みんみが　よこと
いっとや　婿と　ななつや　やさし
ここの道は　通らせん
（木村梅野さん・明治35年生）

西部地区に移ると西伯郡伯耆町溝口では次のようになっていた。

ひとよろ　ふたよろ　みんみが　よこどる
いつやら　昔が　なにとて　やさしく
この橋　通らせん

（遠藤たいさん・明治32年生）

「通らせん」の語句だけは共通しているが、これまた意味はよく分からない。

また、東部地区の鳥取市福部町湯山では、次の歌があった。

ひとめや　ふため　みよこし　嫁ご
いつやの　武蔵　ななやの　薬師
ここのや　とお

（浜戸こよさん・明治39年生）

続いて島根県の場合を眺めてみよう。石見地方の江津市桜江町川越では、

ひとえや　ふたえ　みよとしゃ　嫁が
いつ来てみても　ななこの帯を
八の字に締めて　ひーや　ふー
みーや　よー　いつや　むう
ななや　この　とう

（島田久子さん・明治38年生）

文献を拾ってみると、やはり江戸時代のものに類歌があった。まず、文政三年（一八二〇）の釈行智著『童謡集』に出ている歌。

一子《ひとご》に　ふたご　三わたし　よめご
だんにふ　やくし　あすこのやじや　十ぅ
こゝのやじや　十ぅ

次に嘉永二年（一八四九）の序がある小泉氏計《たいけい》著『北越月令』には、「羽子つく時の詞」として、新潟の歌が出ている。

ひ《一》とごに　ふ《二》たご　み《三》わかし　よ《四》めこ

五 いつよに　六 むさし　七 なんの　八 やくし
九 ここのやが　十 とをよ

意味ははっきりしないが、これらの歌は女の子に好まれ羽根突き歌としていずれも古くからうたわれていたのである。

51 お姉ちゃん　お姉ちゃん（からかい歌・日野郡江府町）

西部

お姉ちゃん　お姉ちゃん
言うても返事がない
ゆうべの晩に　婿さんとった
（伝承者・日野郡江府町御机　別所清子さん・昭和32年生）

昭和三十九年八月七日にうかがった。

夏休みのこの日、マイカーで通りかかったわたしは、このときまだ二十九歳と若かったが、ちょっとした町の中の広場で数名の少女たちが、手まりなどの遊びに興じていた。

そのようなところを、わたしは車の中に録音機を持っていたので、彼女たちにお願いしてうたってもらった歌の一つがこれであった。

このときの別のからかい歌として、同じ別所さんから次の歌も聴かせていただいている。

指切りげんまん　米百升
嘘ついたら　だめよ
針千本飲んでごせ

歌い手の別所さんは、小学校一年生のかわいい女の子だったことが、鮮明に記憶として、今も残っているが、その別所さんも現在では還暦を過ぎておられるから、しみじみと歳月の流れの速さに驚かされるのである。

ところで、二十一世紀になった現代では、このようにのんびりした取材は、子どもたちからも警戒されて、とても難しいのではないかと時代の厳しさを思うばかりである。

さて、この歌は相手に呼びかけても返事がないとき、うたってからかうのである。

この歌は、妹が姉をからかった形であるが、友だちの場合は「お姉ちゃん」のところに名前が入る。「花子」なら「花ちゃん」となるのである。また、相手が男の子の場合は、「婿さんとった」のところが、「嫁さんとった」となる。自在に応用をきかせながら、子どもたちは相手の無返答を逆手にとって、楽しい遊びにしてしまう。

隣県の松江市島根町小波でも、このような仲間のからかい歌を聞いている。百合子など「ゆりちゃん」と呼ばれている子どもが対象になっている。

ゆりちゃんてっても　返事がない
かわいい婿さん　もろちゃろか
(稲田純子さん・昭和22年生)

対象が男の場合は、もちろん「かわいい婿さん」のところが「かわいい嫁さん」となるのである。男の子からかい歌にはいろんな種類があるが、男の子の中に女の子が混じっている場合は、次のような歌でからかわれる。八頭郡若桜町大野で聞いた歌。

男の中に　女が一人
やれ恥ずかしや　ヤーイ　ヤイ
(中江りつさん・大正2年生)

これと反対に女の子の中に男の子が混じっている場合も、逆にして「女の中に男が一人……」とはやされることは言うまでもない。

52 丸山まるてん（手遊び歌・鳥取市福部町）

せっせっせ　丸山まるてん
ドッテンショと　見ればね　見ればね
門の扉におさよと　書いてね　書いてね
おさよ挿したる　八重歯の櫛《くし》はね　櫛はね
だれにもろたか　源治郎さんに
もろたかね　もろたかね
源治郎このごろ　歯医者にごめんね　ごめんね
そこでおさよが　涙をぽろぽろ　ぽろぽろ
（伝承者・鳥取市福部町湯山　浜戸こよさん・明治39年生）

昭和五十五年八月二十五日にうかがった。浜戸さんは、印象の深い懐かしい方である。約三百年前の鳥取藩士、野間義学の『古今童謡』に出ているわらべ歌の類歌をいくつもうかがったものである。

さて、この歌の遊び方は詞章から分かると思うが、二人が向かい合って「せっせっせ」と手を合わせ、次いでうたいながら、詞章に合わせてその動作を行うというものである。
　類歌は、山陰各地で収録できたが、ここで島根県石見地方の江津市桜江町川戸の歌を挙げておきたい。

せっせっせ　丸山土手から
西も東も見ればね　見ればね
盆の月がた　おさよさんが
書いている　書いている
おさよさしすせ　笄《こうがい》お櫛《くし》をね　お櫛をね
だれにもろたか　源治郎《げんじろ》さんに
もろたかね　もろたかね
もろた源治郎さんは　はり者《しゃ》で
困るね　困るね
出ている涙は　絞り端ゅを
もんでいる　もんでいる
大阪鉄砲　コウ鉄砲　スッポロポンのポン
（米原シゲノさん・大正2年生）他

　この歌もかなり古いもののようで、江戸時代のわらべ歌を集めた岡本昆石編『あづま流行時代子供うた』（明治27年刊）にも、類歌が次のように紹介されていた。

大丸《だいまる》土手から　東を見れば、
門の扉に　おとはと書《かい》て、おとハ差したる
水牛《すいぎゅ》の櫛は、誰に貰《もら》たと　詮議《せんぎ》をすれば、
清五郎男《をとこ》に　おとはが惚《ほれ》て、惚《ほれ》て間もなく
身持《みもち》になつて、やアレお医者さん、
ソヲレお医者さん、お手《てゝ》が利《きか》ぬ、
ねんねんころり　牡丹《ぼたん》の花よ、桜の花よ、
先《ま》づ先づ一貫　貸しまアゝした。

ただし、ここでは手遊び歌ではなく、手まり歌として出ていたのであった。

53 カラス　カラス　勘三郎

（動物の歌・東伯郡北栄町）

カラス　カラス　勘三郎
親の恩を忘れるな
（伝承者・東伯郡北栄町米里　山本鶴子さん・明治28年生）

昭和五十八年六月十八日にうかがった。
子どもたちにとってカラスは昔から親しまれていたのだろう、類歌はたいていの地域で聞くことができる。
夕焼け空を、ねぐら目指して飛ぶカラスたちをうたった類の歌である。
今から三百年前に出た世界最古のわらべ歌集である鳥取藩士、野間義学の書いた『古今童謡』にも次の歌がある。

からす　からす　かめんじよ
おばか家か焼けるやら　空のはらが赤いぞ

中部

早う行って　水かけ　水かけ

事例を少し挙げておこう。鳥取市河原町国英山手の歌。

カラス　カラス　勘三郎
オジの家が焼けよるぞ
早ういんで　水をかけ　肥をかけ
ホーイ　ホイ

（蓮仏利志子さん・明治35年生）

八頭郡若桜町大野の歌。

カラス　カラス　勘三郎
あっちの山は火事だ
生まれたとこを　忘れんな

（兵頭ゆきえさん・大正5年生）

稲村謙一編著『鳥取のわらべ唄』の中に昭和十二年九月発行の『汗入史綱』（鳥取県西伯郡教育会第五教育組合国史研究部編集、謄写印刷）の歌が紹介され、そこにもカラスの歌が出ている。少し変わったものを紹介しておく。岩田勝市氏収録の歌。

あとのかァらす　さァきになれ
先のかァらす　あァとになれ

（明治中葉採録）

同書にある松本穰葉子氏収録の歌。

からすからす　勘三郎
あと見　さき見　鉄砲打ちが来よるぞ
早いんで　肥かけ　水かけ　ドン

『古今童謡』にしろ、現在うたわれている類歌にしろ、歌の中を流れている発想は、一部を除きよく似ている。

すなわち、夕焼け空を、昔世話になった親戚の家の火事であると見立て、カラスに早く帰って消すように急《せ》かしているのである。
もっとも最初に挙げた北栄町の歌は、そこのところが省略された形を示していると考えなければならないようだ。
ここらで隣県のものも示しておこう。大田市三瓶町志学の歌。

カラス　カラス
早《はよ》いなにゃ　おまえの宿が焼ける
杓《しゃく》がなけなら　貸しちゃろか
水がなけなりゃ　汲んじゃろか
（水滝ミツコさん・大正15年生）

地域が違っても発想は同じなのである。

54 向こう通るは　竹内つぁんか（手まり歌・西伯郡大山町）

西部

向こう通るは　竹内つぁんか
茶の羽織にビドロ(1)の帯で
鉄砲いなって(2)　脇差し差いて
向こうの小山に　雉子《きじ》撃ち行きゃる
雉子はケンケン　山鳥ゃパタパタ

（伝承者・西伯郡大山町高橋　塩田ユキさん・明治40年生）

〔注〕（1）ビロードの転化。
（2）「荷なって」の訛り。

昭和五十八年七月十日にうかがった。

手まり歌の中に登場するこの男性は、あるいはかつての娘たちのあこがれの姿を示しているのかもしれない。粋《いき》な伊達《だて》男《おとこ》と映る、鉄砲撃ちの若者を主人公とする歌は、どうしたわけか、本県ではここに掲げた歌しか見つけていない。ただ、主人公が女性であるのはいくつか収録している。念のため八頭郡八頭町日下部のものを挙げておこう。

向こう通るは　お千じゃないか
お千こりゃこりゃ　なして髪とかぬ
櫛がないのか　油がないのか
櫛も油も　カケゴにござる
何がうれしゅて　髪ときましょに
父は江戸に行きゃる　新次郎は死にゃる
一人ある子を　おクマとつけて
馬に乗らせて　伊勢参りさせて
伊勢の道から　馬から落ちて
落ちたところが　小藪でござる
竹のトグリで　手の腹ついて
医者にかきょうか　眼医者にかきょか
医者も眼医者も　わしの手にゃ合わぬ
とかく吉岡の湯が　よかろ
スットントンよ　また百ついた

（中川みつ子・明治34年生）

せっかくなので、島根県の男性が主人公のものを二例挙げておく。まず浜田市三隅町室谷の歌。

向こう通るは　吉さんじゃないか
鉄砲かついで　小脇差しょさして
雉子《きじ》のお山に　雉子撃ちに
雉子はケンケン　ホロロうつ
ホロロうって　何にする
ホロロうって　蓑《みの》にする
蓑じゃあるまい　笠であろ
笠はどこ笠　越後笠
一合五勺に売るよりも
置いて殿御さんに　着せなされ
着せなされ

（川本トミさん・明治34年生）

益田市美都町二川の歌。

向こう通るは　猟師じゃないか
鉄砲かついで　火縄を持ちて
向こうのお山へ　雉子取り行くよ
雉子はケンケン　山どりゃホロロ
谷の鶯　ホッケッキョ
ホッケッキョ

（領家彰さん・明治25年生）

55 ねんねんころりよ　おころりよ（子守歌・鳥取市佐治町）

東部

ねんねんころりよ　おころりよ
坊やは良い子だ　ねんねしな
ねんねんころりよ　おころりよ
坊やのお守りは　どこへ行《い》た
あの山越えて　里越えて
坊やの土産を　買いに行た
里の土産は何もろた
デンデン太鼓に　笙《しょう》の笛
鳴るか鳴らぬか　吹いてみよ
ねんねんころりよ　ねんころり

（伝承者・鳥取市佐治町尾際　福安初子さん・大正4年生）

これは一般的に知られている子守り歌で、寝た子に対して「里の土産に何もろた、デンデン太鼓に笙の笛」系統のものである。
続いて西部地区の西伯郡大山町国信の歌。

ねんねこやー　あ　ねんねこやー
ねんねのお守りは　どこへ行《い》た
山越え谷越え　里に行た
お里の土産に何もろた
デンデの太鼓に笙の笛
鳴るか鳴らぬか　吹いてみよ
張り子の虎や熊のじに
それほどもらって　何にする
何を駿河《するが》の富士の山
富士はよい山　高い山
山ほどみごとに　育つよに
あ　ねんねんこしょ　あ　ねんねこしょ
ねんねこせー
寝た子の顔見りゃ　可愛てならぬ
起きて泣く子は　面《つら》にくや
あ　ほんちょの玉子だ
ねんねしょ　ねんねしょ
あ　ねんねこせー

（清水フデヨさん・大正2年生）

この方は後半部分がいろいろ変化に富んでいる。詞章で「張り子の虎」は分かるが、「熊のじ」となるとはっきりしない。また「ほんちょの玉子」も同様である。あるいは「玉子のようにかわいい子だ」というような意味なのかも知れないが。

次に島根県石見地方、邑智郡川本町三島の例。

ねんねんころりや　おころりや
坊やのお守りは　どぉこ行《い》た
あの山越えて里《さあと》行《い》た
里の土産になにもろた
テンテン太鼓に　笙の笛
たたいて聞かしょか　テンテンと
吹いて聞かしょか　ピイロロロ
泣かん子には　聞かせるが
泣く子には聞かせんよ
ねんねんねんねんねん　ねんねんや

（古瀬タキヨさん・明治30年生）

後半部分で、泣く子を嫌い、泣かない子を好む詞章については、大山町の場合と同じなのである。

山田耕筰作曲で知られる「中国地方の子守歌」は、このような伝承歌を元にして作られたのである。

56 いっぽ　かっぽ（鬼決め歌・倉吉市湊町）

中部

いっぽ　かっぽ
じゅくじゅうと　抜けた
抜いても抜かでも　梶原左衛門
ちょっと抜け
（伝承者・倉吉市湊町　岡田富枝さん・明治41年生）

昭和五十五年九月十七日にうかがったものである。

遊び方は、全員が手をにぎり、前に出す。それを一人が歌に合わせて指さしてゆき、最後の「ちょっと抜け」に当たった子がグループから抜ける。これをくり返し、最後に残った子が鬼になる。

西伯郡大山町国信の同類を見てみよう。

いっぽ、かっぽ　じょうろく　じよっと引け
吹いても　吹かでも　松葉のじょうろく

じよっと引け
（谷尾トミコさん・明治44年生）

大山町高橋では、

いっぽ　かっぽ　じょうろく
じようとう抜けた
ちょっと引かしゃんせ
（塩田ユキさん・明治40年生）

一方、島根県でも飯石郡飯南町志津見で次の歌があるが、これは履き物隠しのさいにうたわれている。

いっぽ　かっぽ　豆ざこ　よざこ
咲いたか　咲かぬか　帯しめ　こしめ
東西見つけた　鬼と杯《さかずき》
なーるてんと　なーるてんと
（橋本ヨリ子さん・大正14年生）

いずれもがそれぞれ変わった詞章である。まるで呪文でも唱えるような内容であるが、鬼を決めるためにうたう歌ということになれば、神の意志をうかがって決めたという、以前の神聖なしきたりの残映かとも思われなくもない。

さて、このような鬼決め歌としていくつか聞いているので、紹介しておこう。

まず西伯郡大山町高橋の歌。

井戸のはたの茶碗は　あぶない茶碗で
麦の粉に花が咲いて　チョビリンコ
チョビリンコ　抜けた
（塩田ユキさん・明治40年生）

鳥取市佐治町尾際の歌。

ひーちく　たーちく　中見りゃ　芯がわく
日光じょうらい　角の先ゃ　ポイ
（福安初子さん・大正4年生）

島根県益田市匹見町道川での歌。

いっぴん　ちゃっぴん　ちゃびらの　ごーいっ
もっぱい　せっぱい　ちりがり　がーんど
（飯沢つわむさん・昭和25年生）

鬼決め歌には違いないが、それらには言葉遊びの要素が入っていることが分かる。

57 ウンカ虫送れ（虫送り歌・西伯郡伯耆町）

西部

ウンカ虫送れ
ウンカ虫送れ
（伝承者・西伯郡伯耆町大原　後藤ためよさん・明治28年生）

昭和五十九年三月十八日にうかがった。

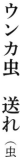

稲作で害虫による被害を受けるくらい困ることはなかった。農村では多くはウンカを害虫の対象として、その退散を願って虫送りをした。後藤さんの話では、この虫送りを自分の田圃で松明をともして行ったという。

ところで、ウンカは平家の武将だった斎藤別当実盛が、稲の株に足を取られ転倒したところを、敵に討ち取られたため、その怨霊がこの虫になったものであるとの俗信があり、中には実盛の名称が歌に入っているのもある。

ここ伯耆町では、こうして単純に「ウンカ虫送れ」とうたいながら、虫送りを行ったようだ。
この歌の多くはストレートに「稲の虫」という場合が多いようであり、東部と中部で複数存在しているが、それも単純にうたう東伯郡三朝町のものから、やや複雑なものまでいろいろなパターンがある。まずは単純なものから見ておきたい。東伯郡三朝町曹源寺の歌である。

送った　送った
稲の虫　送った

（川北すゑさん・明治35年生）

七月に入ったらお宮の門でムシロを敷いて、ご飯を作ったりした。使った茶碗は頭屋へ後で返しておいた。そして、田圃を一回りしながらこの歌をうたった。太鼓や鐃《どう》をたたきながら盛んにうたったものであるという。同じ家でも川北貞市さん（明治40年生）からうかがった詞章は後半部の「稲の虫、送った」だけであった。あるいはこれは個人による伝承の違いかも知れない。

続いて東部の八頭郡若桜町大野のもの。

稲の虫を送って
後さっぱり　さらえて
あと繁盛　繁盛よ

（兵頭ゆきえさん・大正5年生）

鳥取市赤子田では、

稲の虫を送った
丹後の奥まで送った
稲の虫を送った
丹後の奥まで送った

（石川ますゑさん・明治35年生）

石川さんの話では、昼、神主さんが御幣を持って先頭に立ち、その後を子どもから大人まで、村境までぞろぞろついて行くが、そのおりに太鼓をたたきながらこの歌をうたったという。
ちなみに島根県のものについて、隠岐島で聞いた歌を紹介しておこう。隠岐郡隠岐の島町郡《こおり》のものである。

通れ　通れ

稲の虫ゃ通れ

（重栖カノさん・明治35年生）

この行事は八月七日の晩に行ったとのことだった。

58 とんとん隣に（手まり歌・八頭郡若桜町）

東部

とんとん隣に　嫁が来たとは
行っては見んけど　まひげ八の字
目はドングリ目で　鼻は獅子鼻《ししばな》　口は鰐口《わにぐち》
腹は太鼓腹　背なは猫背な　頭十貫　尻五貫
みんな合わせて十五貫
（伝承者・八頭郡若桜町大野　兵頭ゆきえさん・大正5年生）

昭和五十六年八月二十三日にうかがったものである。

ユーモアをしのばせた手まり歌ではある。普通、嫁と聞けば、可憐な新妻の姿をつい想像するようであるが、この歌はそれとは似ても似つかぬたいへんな女性であり、隣に来た嫁についてのすさまじいばかりの悪口歌である。

つまり、女性の容姿について、一番好まれないものばかりを、これでもかとばかり並べ上げている。

けれども、意外と全体からは、とぼけたユーモアを感じさせる。うたっている子どもたちも、そんな味わいを楽しみながら、手まりをついていたものと思われる。

ところで、同類は東部と中部地区であったが、不思議と西部や島根県ではまだ見つけていない。

さて、この歌であるが、東部の鳥取市部福町左近のものはやや変わっていた。

とんとん隣に　嫁御が来たそな
行きて見たれば　頭やかんで　まいげ八の字
目はどんぐり目で　鼻は獅子鼻　口は鰐口
手は杓子で　脚はスリコギ
歩く姿はひき蛙

（小谷登美子さん・明治37年生）

前のに比べると、背と腹、頭、尻の形容はない。その代わり手と脚、そして歩く姿の形容が加わっている。

続いて中部地区、東伯郡琴浦町高岡の例である。

うちの嫁さん　鼻は獅子鼻　目はどんぐり目
口は鰐口　歯は出っ歯で　歩く姿はアヒルが
弁当負うて　大山さんへ参るような

（毎田すゑのさん・明治26年生）

たしかに類歌ではあるが、これまでの「隣の嫁」とは違い、「うちの嫁さん」である。そして、歯が出っ歯であるという表現が、これまでにはなかったものである。

さらに「歩く姿は、アヒルが弁当負うて、大山さんへ参るような」と表現している点も珍しい。しかし、わが家に来た嫁をこれほど手厳しく形容するのは、どうしたことだろう。

兄が結婚したため、小姑になった女の子が、つい新妻に兄を横取りされたような嫉妬心で、このような歌にしあげたとでも言えるのかも知れない。

なかなか微妙なかけひきを感じるのは、わたし一人がうがちすぎなのだろうか。

59 だるまさん（顔遊び歌・東伯郡湯梨浜町）

だるまさん　だるまさん
にらめっこしょいな
アップップ
（伝承者・東伯郡湯梨浜町原　尾崎すゑさん・明治32年生）

昭和五十六年八月二十四日にたまたまうかがったお宅で、うたっていただいたものである。実際は幼稚園児あたりに好まれる遊び歌であろう。

子ども同士、お互い向かい合ってこの歌をうたい「アップップ」のところで、それぞれ任意に顔をゆがめたり、にらみつけたりして、相手を笑わせようとする。もちろん相手もさるもの、負けるものかと、変な顔を懸命に作って、対抗者を笑わせようと努力する。そして、とうとうこらえきれずに、さきに笑い出した方が負けになるという愉快な遊びである。
おそらくどなたも子ども時代、そうして楽しく遊んだ経験をお持ちのことと思う。鳥取県内での同類をいくつか眺めてみることにする。
まず、八頭郡八頭町宮谷では、

だるまさん　だるまさん
にらみっこしましょ
笑ったらだめよ
アップップ

（小谷美恵子さん・昭和25年生）

鳥取市鹿野町大工町では、

だるまさん　だるまさん
にらみっこしましょ
ウントコドッコイショ

（竹部はるさん・明治31年生）

西伯郡伯耆町久古では、

だるまさん　だるまさん
赤い鉢巻き　いたしましょう
笑ったら　つめりましょう　ホツ

（西賀世智子さん・明治45年生）

八頭郡八頭町大江では、

だるまさん　だるまさん
にらみっこしましょ
笑ったらひねるぞ
ウントコドッコイショ

（小浜舎人さん・大正5年生）

日野郡日野町福長の歌。

だるまさん　だるまさん
にらみっこしましょ
笑ろうたらだめよ
ハー　うん

（沼田スミ子さん・大正元年生）

「このようにうたいながら、にらみあっていましたよ」と沼田さんも話しておられたことを思い出す。

比べてみると分かるように、「だるまさん」の歌は、それなりに多彩な内容なのである。

わたしも子ども時代、この歌をうたいながら遊んだ思い出はある。しかしながら島根県側での同類は、残念ながらまだ収録していない。

寒い冬の日、外が雪であったり、また冬でなくとも雨などで屋外で遊ぶことの出来ない日などに、この遊びは適しているようだ。

60 おみんな　おさら（お手玉歌・西伯郡南部町）

西部

おみんな　おさら　お一つ　お一つ　お一つ
お一つ落として　おさら
お二つ　お二つ　落として　おさら
おみんな　おさら
お手ばさみ　お手ばさみ　お手ばさみ　おさら
おちりんこ　おちりんこ　おちりんこ
落として　おさら
お左　左ぎっちょ　お左　左ぎっちょ
お左　左ぎっちょ　お左　左ぎっちょ　右左
中切り　つまよせ　さらえこ
手つっき　おさら
小さい橋こぐれ　小さい橋こぐれ
小さい橋こぐれ　小さい橋こぐれ
小さい橋こぐれ　おさら
大きな橋こぐれ　おさら
おんばきみ　おんばきみ　おんばきみ
落として　おさら
お手たたき　お手たたき　お手たたき　おさら

大袖　大袖　大袖
大袖落として　おさら　一貫しょ　おさら
貸せた　おさら。
（伝承者・西伯郡南部町絹屋　深田不二子さん・明治34年生）

昭和五十八年十月九日にうかがった歌である。

お手玉は、小さな袋の中に小豆や数珠玉の実を入れて作るが、鳥取県では「こぶ」、「いしなんご」、「ななつこ」などと呼ばれている。

これには二種類あって、一つは「かますこぶ」と称している、布袋の一方の口を絞ったもの。もう一つは袋の両端を絞ったもので、この方は「俵こぶ」といっている。

さて、お手玉歌の代表的な歌の一つがこの「おさら」である。もう一つ「おじゃみ」で始まる歌が残されているが、本県では見つからない。

次に東部の岩美郡岩美町蒲生の歌。

お一つ落としておさら　お二つ落としておさら
お三つ落としておさら
お手しゃみ　お手しゃみ　おさら
おはさみ　おはさみ　おさら
おちりんこ　おちりんこ　おさら
お左　左ぎっちょ　右左　中つき　しまつき
さらえて　えっつけ　おさら
やちなん　やちなん　おさら
おっ手ばたき　おっ手ばたき　おさら
お袖　お袖　おさら　お膝　お膝　おさら
おんばさん　おんばさん　おさら
きーしる　しるしる　しるしる
落としておさら
一ちゃにおみつき　二ちゃにおみつき
三ちゃにおみつき　四ちゃにおみつき
五ちゃにおみつき　六ちゃにおみつき
七ちゃにおみつき　八ちゃにおみつき
九ちゃでおみつき　十でかけ一升
十でかけ二升
おまけに一升　やちき　どっこい　かーらす
（山田てる子さん・明治35年生）

これらの歌は全県的に知られているのである。

61 どんどんが　いちどんど

（手まり歌・鳥取市佐治町）

東部

どんどんどんが　いち　どんどん
どんどんどんが　にい　どんどん
どんどんどんが　さん　どんどん
どんどんどんが　しい　どんどん
どんどんどんが　ごお　どんどん

ざくろ一匁《もんめ》　ざくろ二匁　ざくろ三匁
ざくろ四匁　ざくろ五位上がり
千文ざいが一匁　千文ざいが二匁
千文ざいが三匁　千文ざいが四匁
千文ざいが五匁

箒《ほうき》はき一匁　箒はき二匁　箒はき三匁
箒はき四匁　箒はき四匁　五位上がり

こっちのコクドの　小国のコクドで
よう一ぺんくぐった

こっちのコクドの　小国のコクドで
よう二へんくぐった
こっちのコクドの　小国のコクドで
よう三べんくぐった
こっちのコクドの　小国のコクドで
よう四へんくぐった
こっちのコクドの　小国のコクドで
よう五へんくぐった　いっちょ貸した
（伝承者・鳥取市佐治町尾際　福安初枝さん・大正4年生）

昭和五十四年九月二十三日にお宅でうかがった。

かなり長編の手まり歌ではある。これだけ長い歌をうたいながら、途中で失敗せずに手まりを続ける技量は、なかなかのものであろう。

仲間を捜すと中部の倉吉市湊町で見つかった。

どんどんどんが　いち　どんどん
どんどんどんが　にい　どんどん
どんどんどんが　さん　どんどん
（岡田富枝さん・大正3年生）

鳥取市佐治町に比べると、非常に短い。他の町村の歌を見ても同様に短いものが多いようである。東伯郡琴浦町野井倉では、「大どんど小どんど　じゃくろ花が一匁……」（川崎道子さん・大正2年生）というのがあったが、これにしてもそう長いものではなかった。

東伯郡北栄町米里でも「どんどんどーがいそどんど……」で始まる類歌をうかがっているが、紙数がなく省略する。

ここらで歌い手の福安さんからうかがった、手まりについての思い出を述べておこう。

昔の手まりは、かがって作ったものである。十歳のとき、東京から大きな花ゴムまりを買ってきてもらった。中からはチンチン音がした。とてもうれしく、友達と二人で、日曜日になると朝から晩までついて遊んだものである。当時、このような手まりは、このあたりで持っている者がなく、仲間から羨ましがられたものだった。

このようなお話だったと記憶する。ゴムまりを初めて手にしたときの、以前の子どもたちの素朴な喜びが目に見えるようである。

62　一もんめの一助さん（手まり歌・東伯郡北栄町）

中部

一もんめの一助《いいすけ》さん　いも買いに走った
ラッショ　ラッショ
ラッショ（以下ハヤシ省略）
二もんめの二助さん　人参買いに走った
三もんめの三助さん　山椒買いに走った
四《よん》もんめの四《よん》助さん　洋服買いに走った
五もんめの五《ごん》助さん　牛蒡《ごんぼう》買いに走った
六《ろく》もんめの六《ろお》助さん　ろうそく買いに走った
七《なな》もんめの七《なあ》助さん　菜っ葉買いに走った
八もんめの八《は》助さん　薄荷《はっか》買いに走った
九《きゅう》もんめの九助さん　胡瓜《きゅうり》買いに走った
十もんめの十助さん　重箱買いに走った
（伝承者・東伯郡北栄町島　乗本かな江さん・昭和6年生）

昭和五十六年十月十一日に教えていただいた。
この歌は、ほとんど全国共通で、県内でも広くうたわれている。

米子市淀江町小波では、

一もんめの一助さん　芋買いました
芋ちょうだい
（以下、人参、鯖、羊菜、牛蒡、ろうそく、七輪、
蜂蜜、胡瓜、重箱となる）

（歌い手の氏名不詳）

倉吉市関金町松河原では、

一もんめの一助さん　一《い》の字がきらいで
一万一千一百億　一斗一斗一斗米《まい》の
お札を収めて　二もんめに渡した
二もんめの二助さん　二の字がきらいで
二万二千二百億　二斗二斗二斗米の
お札を収めて　三もんめに渡した
（以下「三もんめ」「四もんめ」……と続く）

（川北哲子さん・昭和27年生）

隣県、松江市八束町寺津で聞いた同類は、二段階になってうたわれているので、紹介しておく。

一もんめの一助さん　芋屋のおばさん
芋ちょうだい
二もんめの二すけさん　肉屋のおばさん
肉ちょうだい
（「以下十もんめ……」までうたい、次の歌に続く）

一もんめの一助さん　一の字がきらいで
一万一千一百億　一斗一斗一斗米に
お蔵から収めて　二の字に渡した
ニャーオ
二もんめの二助さん　二の字がきらいで
二万二千二百億　二斗二斗二斗米に
お蔵から収めて　三の字に渡した
ニャーオ
（以下、十もんめまで続く）

（足立ひとみさん・昭和21年生）

中にはやや変わったものもある。
松江市大野町の歌。

一もんめの一助さん　芋買いました
芋　人参　鯖　牛蒡　蝋燭　七草　葉っぱ
キュウリ　重箱　納めて　二もんめに渡した
（以下同様に十もんめまで続く）
（伝承者の氏名不詳）

63 寝た子　かわいや（子守歌・境港市外江町）

寝た子かわいや　起きた子は憎いよ
起きて泣く子は面《つら》憎い

あまり泣かしゃんすな
泣くときゃ親御さんが
たたいたか　つめったか　思わさる
（伝承者・境港市外江町芝　浜田富さん・明治37年生）

昭和五十六年十月二十五日にうかがった歌である。

子守歌として昔はこの手のものがよくうたわれていた。これは雇われてきた娘たちのうたうものであることが、「泣くときゃ親御さんが、たたいたかつめったか思わさる」の詞章で分かる。

ある意味では、この子守歌は、子守り仕事の辛さをうたった労働歌ということができる。

全国的に有名なものとしては、次の「五木の子守歌」が挙げられよう。

おどま盆ぎり盆ぎり
盆から先きゃおらんと
盆が早よ来るりゃ　早よもどる

おどま勧進勧進
あん人たちゃよか衆
よか衆ゃよか帯　よか着物

おどんが　うっ死んだちゅうて
誰が泣いてくりょか
うらの松山　蝉が鳴く

おどんがうっ死んだら　道端ちゃいけろ
通る人ごち　花あぎゅう

花は何んの花　つんつん椿
水は天から　もらい水

これは古関裕而が採譜、作曲し、音丸がレコーディングしているが、昭和二十三年に改めて日本調歌手・照菊の歌でキングレコードから発売されて知られるようになったと言われている。

山陰地方でも同類はあちこちにあった。米子市大崎町の次の歌もそうである。

寝た子かわいや　起きた子の憎さよ
起きて泣く子は　いじらしや
ホラホラ　ホラホラ　ホラホラよ
（大田初枝さん・大正5年生）

さらに厳しいものになると、雇い主に対する反発を込めた歌も用意されているのである。鳥取市福部町左近の例を挙げておく。

だんなよう聞け　守りをいためりゃ
おかみさんはなおと　コリヤ　子に当たるよ
（小谷登美子さん・明治37年生）

島根県でも益田市美都町二川の歌である。

守ほど辛いものはない
親にゃ叱られ　子にゃ泣かれ
人にゃ楽なと思われて
［ええ子して寝んさい　寝んさい］
［　］は囃子詞

（金崎タケさん・明治28年生）

第二次大戦の前まで、農村の女の子たちは、よく子守りとして雇われていた。そのような子どもたちが、このような歌を紡ぎ出していたのである。

64 子ども衆　子ども衆

（子守歌・岩美郡岩美町）

東部

子ども衆　子ども衆　花折りに行かしゃんか
何花折りに　地蔵の前の桜花折りに
一枝折りやパッと散る　二枝折りやパッと散る
三枝目にゃ日が暮れて
新し小屋に泊まろうか
古い小屋に泊まろうか
新し小屋に灯が見えて
新し小屋に泊まって
むしろは　はしかし　夜は長し
朝とう起きて空見れば　黄金の盃手にすえて
一杯飲みゃ　嬢御《じょうご》の　二杯飲みゃ　嬢御の
三杯目にゃ　肴《さかな》がのうて参れんか
おれらの方の肴は　うぐい三つ　あい三つ
ショボショボ川の　ふな三つ　ふな三つ
(伝承者・岩美郡岩美町浦富　浜戸こよさん・明治39年生)

昭和五十五年八月二十五日にお宅でうかがった子守歌である。浜戸さんは鳥取市福部町湯山出身だったから、そこでの歌だろう。
　さて、江戸時代、元禄文化華やかなころ、鳥取藩士の野間義学（一六九二〜一七三二）が、鳥取城下の子どもたちから集めた本『古今童謡』に出ている次の歌がそっくりである。江戸時代の子どもたちもうたっていたと想像できるのである。

おじやれ子ともたち　花折りにまいろ
花はどこ花　地蔵のまえの　桜花　桜花
一枝折はパッとちる　二枝折れはパッと散る
三枝の坂から　日か暮れて
あんなの紺屋に　宿かろか
こんなの紺屋に　宿かろか
むしろははしかし　夜はながし
暁起て空見れば　ちんごのやうな傾城が
黄金の盃手にすえて　黄金の木履を
履きつめて　黄金のぼくとう　つきつめて
一杯まいれ上ごどの　二杯まいれ上戸殿
三杯目の肴には　肴がのうてまいらぬか
（われらか朝《てう》の肴には　さるを焼いてしぼって、
とも）
われらがちょうの肴には　姫瓜　小瓜
あこだ瓜　あこだにまいた香の物

　この『古今童謡』は、世界で最も古いわらべ歌集である。それまではロンドンの大英博物館に所蔵されていて一七四四年に出された『親指トムの唄』が最古とされていたが、『古今童謡』はそれよりも十数年古い。実物は鳥取県立博物館に収蔵されている。
　なお、隣県の浜田市三隅町古市場でも、少し似た次の子守り歌があった。説明は省略する。

子ども衆　子ども衆　花を摘みに行きゃらんか
花はどこ花　地蔵が峠のさくら花
一枝摘んでもパッと散る
二枝摘んでもパッと散る
三枝目に日が暮れて

上の小松い火をつけて　下の小松い火をつけて
中の小松い火をつけて
なんぼつけても　明からんぞ
（東峰勇吉さん・明治25年生）

似た歌が残されているのは、何かほっとする。

65 送った　送った

（虫送り歌・東伯郡琴浦町）

中部

送った　送った
稲の虫　送った
ウンカ　実盛　さし虫　地虫まで送った
（伝承者・東伯郡琴浦町高岡　高力みや子さん・明治36年生）

昭和五十六年十月十二日、うかがったものである。

夏の夜、ウンカをはじめとする害虫が農作物を荒らすので、それらの虫の害を封じ込めるための信仰的行事である「虫送り」を行う。「実盛」とあるのは平家の武将、斎藤別当実盛をさす。源平合戦のおり、敵に侮られないよう白髪を黒く染めて出陣した実盛だったが、戦い利あらず敗走の際、馬が稲株に足をとられ転倒したところを無念にも首級をあげられた。その恨みがウンカと化して、稲を荒らすという伝えから、各地にある虫送りの詞章には、実盛なることばが登場する。
なお、ここでは船上山で祈願した後、男たちが松明をかざして行列を作り、地区の田を回って大川まで虫を送った。他の地区では大人から子どもまで一団となって行うところが多い。八頭郡若桜町大野では次のように言われていた。

稲の虫を送って
あとさっぱりさらえて
あと繁昌　繁昌よ
（兵頭ゆきえさん・大正5年生）

類歌としては以下のようなものがある。
なお、「ウンカ虫送れ」（西伯郡伯耆町）の項でも述べておいたので、一部の重複はお許しいただきたい。
西伯郡伯耆町大原では、

ウンカ虫送れ　ウンカ虫送れ
（後藤ためよさん・明治28年生）

鳥取市末恒町伏野では、

稲の虫を送った
丹後の奥まで送った
（石川ますゑさん・明治35年生）

西伯郡大山町栄田のもの。

送った　送った
稲の虫を送った
（川北すゑさん・明治35年生）

いずれにしても農民の、稲作にかける懸命の思いがくみ取れるのではなかろうか。
ところで同じ出だしを持つもので、悪病神を送るものもある。東伯郡琴浦町高岡で、昭和三十七年三月七日に高力鉄蔵さん（明治25年生）から疱《ほう》瘡《そう》の神を送る唱えを、以下のようにうかがった。

送った　送った

疱瘡の神　送った
（くり返す）

疱瘡とは天然痘のこと。この病気が流行したおり、患者の全快を祈って、病気の神を送るためにうたわれた。

その後、ワクチンの接種によりこの病がなくなると、今度はハシカに罹った子どもを治すため、この歌をうたいつつ、氏神の橋の下まで行ったというのであった。

66 関の姉やちゃ（守り子歌・米子市富益町）

西部

関の姉やちゃ　子が無あて悲しいよ
お客子ねして　抱いて寝る

憎いやつめが　目の先ほてて〔注〕よ
三丁小刀で　刺し殺し

〔注〕「ほててよ」は「やって来てよ」の意。

（伝承者・米子市富益町北口　松下ゆき子さん・明治34年生）

昭和五十六年十月二十五日にうかがった。

守り子歌とは、守り子がその仕事のつらさをうたったものをいう。

歌によっては直接その苦しみをうたったもののほかに、皮肉やあてこすりもあれば、恋の歌も見られる。弓ヶ浜半島の古老に聞くと、昔は小学校三年を終えれば、女の子はすぐに子守り奉公をしたものだという。

そのようなことを思いながら、これらの歌を味わってみると、今の時代には考えられない、厳しい生活の苦しみが彷彿としてくるようだ。

ここらで少し視点を変えて守り子歌の形の変化を眺めてみる。

私が昭和三十六年八月二十六日に益田市美都町二川でうかがった歌。

守ほどつらい　ものはない
親にゃ叱られ　子にゃ泣かれ
人にゃ楽なと　思われて

（金崎タケさん・明治28年生）

この歌は七五七五七五のスタイルを持っているが、少し離れた鹿足郡吉賀町田野原の歌。

守はつらいもの　子にゃ責められて
親にゃ楽げに　思われて

（高田夢代さん・明治34年生）

これでは八七七五と形はやや崩れているが、歌の大意は変わらない。

昭和六十二年八月二十五日付の『読売新聞』大阪本社発行の全国版に「石見地方の子守歌」として、これらを紹介しておいたところ、読者から反響があり、二人の方から類歌を教えていただいた。

まず一通は香川県綾歌郡国分寺町新名の日高都さんと言われる七十六歳の女性の方からで、この方は元々は島根県浜田市旭町出身。幼いころよくうたって聞かされたものに似ていると、以下の歌を送ってくださった。

いやじゃいやじゃよ　子守はいやじゃ
親にゃ叱られ　子にゃ泣かされて
人にゃ楽じゃと　申されて

もう一つの歌は高知県宿毛市宿毛仲須賀の酒井明氏からは、氏のお住まいになっている地方の山間部、宿毛市橋上町に残っている歌で「幡多（高知県幡多郡）の子守歌」と呼ばれいるものである。

これも大意は同じであるが、益田市の歌の九倍の長さであり、紹介しきれない。関心のある方は拙著『山陰の口承文芸論』（三弥井書店発行）の四二四ページをご覧いただきたい。

大意は変わらなくとも、歌の長さがいろいろ変化しているのである。

67 一月とや（手まり歌・八頭郡若桜町）

東部

一月とや
　一月どこでも松飾り
松とだいだい　よくできた　よくできた
二月とや
　二月どこでも凧をあげ
凧のだいだい　よくできた　よくできた
三月とや
　三月どこでも雛祭り
雛のだいだい　よくできた　よくできた
四月とや
　四月どこでも釈迦祭り
釈迦のだいだい　よくできた　よくできた
五月とや
　五月どこでも幟立て
幟のだいだい　よくできた　よくできた
六月とや
　六月どこでも氷餅[1]
氷のだいだい　よくできた　よくできた

七月とや
　七月どこでもほり祭り(2)
　ほりのだいだい　よくできた　よくできた
八月とや
　八月八朔(3)栗の餅
　栗のだいだい　よくできた　よくできた
九月とや
　九月どこでも菊の餅
　菊のだいだい　よくできた　よくできた
十月とや
　十月どこでも指くくり(4)
　指のだいだい　よくできた　よくできた
十一月とや
　十一月三日天長節で
　天長節だいだい　よくできた　よくできた
十二月とや
　十二月どこでも餅つきで
　餅のだいだい　よくできた　よくできた
（伝承者・八頭郡若桜町湯原月夜谷　大杉カヨさん・明治32年生）

〔注〕（1）寒気にさらして凍らせた餅。
（2）意不明。「もり祭り」の転化か。
（3）陰暦八月朔日の称。農家では新穀を収め、田実《たのみ》の節句といって祝う。
（4）意不明。

昭和五十六年八月二十三日にうかがった歌である。

一月から十二月までの月づくしで、その月ごとの象徴的な行事を詠み込んで作られている。

類歌で月々の特徴を読み込んだ歌は、鳥取市福部町湯山出身の浜戸こよさん（明治39年生）からもうかがっている。若桜町のとほぼ同様である。ただ残念なことながら、五月までしかうかがえず、後は忘れてしまわれたとのことだったが、そこまでを次に紹介しておきたい。

一月とや
　一月どこでも松飾り　松飾り
　松のだいだい　よくできた　よくできた

二月とや
　二月どこでも凧をあげ　凧をあげ
　凧のだいだい　よくできた　よくできた
三月とや
　三月どこでも雛祭り　雛祭り
　雛のだいだい　よくできた　よくできた
四月とや
　四月どこでも笹祭り　笹祭り
　笹のだいだい　よくできた　よくできた
五月とや
　五月どこでも鯉幟り　鯉幟り
　幟りのだいだい　よくできた　よくできた
（以下忘却されたとのこと）

68 正月ちゅうもな（歳時歌・東伯郡琴浦町）

中部

正月ちゆうもな　よいもんだ
赤いべべ着て　羽根ついて
雪より白いまま食って
下駄の歯のよな　ブリ食って
（伝承者・東伯郡琴浦町別宮　定常静江さん・明治43年生）

昭和五十六年十月十一日に教えていただいた。

本県では、この類の歌は各地で聞かれる。しかし、隣の島根県に入ったとたん、あまりうたわれていないようで、わたしはまだ収録していない。それはともかく、この歌の詞章を眺めると、ハレの日である正月の特色が、よく表われている。人びとの郷愁を誘う懐かしい歌ではないだろうか。

なお、正月前になると、嫁の実家からその嫁ぎ先へブリを贈る風習があり、婿がそれを背負って持ち帰ることになっていたという。東伯郡三朝町曹源寺では、今でも行っているそうだ。
　平素はなかなか白いご飯にありつけなかった多くの人びとにとって、ハレの日である正月だけは、おいしい白米のご飯を食べられるという喜びが、各地の歌に込められている。そして「下駄の歯のよなブリ食って」と海の幸である魚も歌い込まれているのである。西部でも同じであった。西伯郡大山町樋口の場合は、

正月つあんは　いいもんだ
赤いべべ着て　羽根ついて
下駄の歯のよな　ブリ食べて
（吉田しもさん・明治41年生）

なぜか「雪より白いまま」だけはない。同町国信の歌を見てみよう。

正月つあんは　よいもんだ
下駄の歯のよな　ブリ食って
雪より白いまま食って
赤いべべ着て　羽根ついて
正月つぁんは　よいもんだ
（清水フデヨさん・大正2年生）

ここには「雪のような白い飯」や「下駄の歯のよなブリ」は、きちんとそろっている。
他の地区の歌を見てみよう。倉吉市明治町では、

正月つあんは　よいもんじゃ
赤いべべ着て　餅食って
父さん母さん　手を引かれ
お宮に参って　うれしいな
（歌い手の氏名不詳）

こちらの場合は「雪より白いまま」は出ていない代わりに餅が用意されている。ただ着るもので「赤いべべ（着物）」だけは共通していることが分かる。
　また、米子市富益町北口では、

正月つあんは　よいもんだ、
煮豆に数の子　まいもんだ
（松下ゆきこさん・明治35年生）

「煮豆」「数の子」とやはりご馳走の内容が歌われているのである。

69 一かけ　二かけ　三かけて

（手合わせ歌・米子市富益町）

西部

一かけ　二かけ　三かけて
四かけて　五かけて　橋をかけ
橋の欄干　手を腰に
はるか向こうを　眺めれば
十七、八のねえさんが
片手に花持ち　線香持ち
もしもしねえさん　どこ行くの
わたしは九州鹿児島の　西郷隆盛娘です
明治十年三月三日　切腹なされた父上の
お墓参りにまいります
お墓の前で手を合わせ
南無阿弥陀仏と拝みます
拝んだ後から魂が　フーワリ　フワリと
じゃんけんぽん

（伝承者・米子市富益町北口　松下幸子さん・昭和22年生）

昭和五十六年十月二十五日にうかがった。
手合わせ歌としたが手まり歌でもうたわれる。
内容は西南の役に関係している。西郷隆盛が城山で自殺したのは明治十年（一八七七）九月二十四日であり、事実と異なる。しかし、この事件がきっかけで歌は生まれたのであろう。類歌は各地にあり、高齢の方には懐かしい歌だろう。島根県江津市桜江町川越のものを挙げておく。

一かけ　二かけ　三かけて
四かけて　五かけて　橋をかけ
はるか向うを眺むれば
十七、八の小娘が　片手に花持ち線香持ち
これこれ　ねえさんどこへ行く
あたしは九州鹿児島の　西郷隆盛娘です
明治五年の戦争に　討死なされた父上の
お墓参りをいたします
お墓の前で手を合わせ
なみあみだぶつと目に涙
もしわたしが男子なら　日本大学卒業し
イギリス言葉も習わせて
梅にうぐいす　とまらせて
ホーホーホケキョと　鳴かせたら
とうさんどんなに　うれしかろ
（歌い手の氏名不詳・昭和34年生）

この歌の前身のような歌が、八頭郡智頭町波多で見つかっている。

一かけ　二かけて　三かけて
四かけて　五かけて　橋かけて
橋の欄干に腰かけて　はるか向こうを眺むれば
十七、八のねえさんが　片手に花篭　線香持つ
ねえさんどこよと　尋ねたら
今日は浪ちゃんの　墓参り
一段上がれば　ホロと泣く
二段　三段　血の涙
玉子のような顔をして
紅葉《もみじ》のような手を合わせ
死んでかたきが討てますか

死んでかたきは討てませぬ

（大原寿美子さん・明治40年生）

徳富蘆花の小説『不如帰』に題材が見られる。

この小説は明治三十一年（一八九八）十一月から翌年五月まで『国民新聞』に連載された。したがって、この歌の成立も前に紹介した「一かけ二かけ三かけて」同様、明治以降であることが分かる。

東部

70 正月さん

（歳時歌・鳥取市河原町）

正月さん　どこから
トンド山のすそを　裏白を蓑《みの》にして
ゆずり葉を笠にして　白箸《しらはし》ゅ杖にして
餅ゅ食い切り食い切り　ござった
（伝承者・鳥取市河原町河原　奥谷松江さん・大正7年生）

「正月さん」というのは、正月が来ると、祖霊界から現世を訪れてくる稀《まれ》人、つまり歳徳神を擬人化し、親しんでこう呼んでいるのである。

子どもたちは正月が近づくと、この歌をうたって、正月の来るのを歓迎した。

正月の神さんの姿は、「譲り葉」を笠にしてかぶり、「裏白」を蓑にしている。そして白い箸で餅を食べながらやって来るのである。いかにも正月らしい雰囲気を持っているようで微笑ましい。

また、「トンド山」であるが、祖霊の住み給う聖地は山なので、その山の名前がトンド山なのであろう。

地域によってそのあたりの事情は多少異なるが、各地の事例を挙げておく。

鳥取市赤子田では、

正月の神さんは　どこからござる
トンド山のすそから　裏白の蓑着て
ゆずり葉の笠かぶって　白箸の杖をついて
餅を食い切り食い切り　ござった
（石川ますゑさん・明治35年生）

西伯郡南部町絹屋。

正月つぁん　正月つぁん　どこまでおいでた
畑田のかどまで　削り箸に団子さいて
かじりかじりおいでた
（深田不二子さん・明治34年生）

鳥取市用瀬町鹿子。

正月さんはどーこどこ　万燈山のすその方
白い箸にバボをさいて　食い切り食い切り
今日ござる
（小林もよさん・明治30年生）

境港市外江町芝町。

正月つぁん　正月つぁん　どこまでござった
ちいしの箸に　団子をさいて
かぶりかぶりござった
（浜田泰子さん・明治40年生）

西伯郡日吉津村富吉。

正月つぁん　正月つぁん　どこまでござった
神田までござった
破魔弓杖について　羽子板腰にさいて
削り箸に団子さいて　かぶりかぶりござった
（加下豊子さん・明治44年生）

西伯郡大山町国信。

正月つあんがござった　どこまでござった、
うしろのドンドまでござった
羽子板腰にさいて　破魔弓杖についてござった
（清水フデヨさん・大正2年生）

このようになかなか多彩なのである。

中部

71 成るか 成らぬか（歳事歌・東伯郡三朝町）

成るか成らぬか　成らねば切ってしまう
（伝承者・東伯郡三朝町片柴　川北貞市さん・明治40年生）

正月十四日、成り木責めをする。この歌をうたいながら、柿、栗、びわなどの木の幹に鉈で少し切り目を入れる。こうして成り木をおどかすことにより、その年の実りの豊かならんことを期待する、予祝行事である。

年中行事として、以前は各地の農家あたりでこの「成り木責め」が行われていたのであった。

鳥取県関係の文献（『日本の民俗・鳥取』第一法規、『鳥取県大百科事典』新日本海新聞社）に当たっても、残念ながら記述がない。そこで拙著『柿木村の民俗』（昭和54年・柿木村教育委員会）一五六～一五七ページに記載されているのを引用しておく。鳥取県内でも農家を中心にして行われたようである。

成り木責め　旧一月十五日　大正十年ごろまで

前日もらったトイトイの餅（注・子どもたちが各戸を回り、もらってきた餅のこと）を、大人があずきとともに煮て「餅の粥」を作り、成り木責めをして成り木の切れ目に食べさせた。ここでいう成り木とは柿・桃・梨・栗などをさし、二人の大人がそれを行った。

A「ことしや　なるか　ならぬか

ならにゃ　ぶち切る」

―なたで切れ目を入れる―

B「なる。なる。」

―（食べさせる）―

『日本民俗大辞典』（下巻・吉川弘文堂）の「成木責」から、要点をまとめておく。

柿などの実の成る樹木に、鉈や鋸などの刃物でおどかし、秋の稔りを約束させる小正月の予祝行事の一つ。木責め・木おどし・なれなれともいわれる。主として柿木に対して行われることが多いが、ナシや桃・アンズなどに行うという地域もある。二人一組で行われる儀礼で、一人が鉈などの刃物を持ち柿の木などに向い「成るか成らぬか、成らねば切るぞ」と唱えながら切るまねをしたり少し切ったりする。そうするともう一人が「成ります、成ります」と答えながら、木に小正月の小豆粥を塗りつける、というのが一般的な形で、小正月の行事としてほぼ全国的に分布している。大人の行事であるが、子どもの遊びとなった地域もある。また、福島県の会津地方のようにサツキといわれる庭田植を行うときに同時に行っている地域もある。成木責では、小正月の他の予祝儀礼とは異なり、「成るか成らぬか、成らねば切るぞ」と問答し威嚇して木の霊に豊饒を約束させる形をとっている点が特徴といえる。このような予祝儀礼はフレーザーの『金枝篇』にも記され、ヨーロッパ各地に日本の成木責と類似した予祝行事が分布していることが知られている。（以下省略）

こうして文献にあたったて見ることにより、三朝町での成り木責め行事の重要なことが理解されるのである。

72 そうだ村の村長さん（地口歌・米子市熊党）

西部

そうだ　そうだ　そうだ村の村長さんが
ソーダ飲んで　死んだそうだ
葬式まんじゅに　餡《あん》がなかったそうだ
（伝承者・米子市熊党　松下幸子さん・昭和22年生）

ことば遊び歌に属するものである。

子どもたちが集まり、いろいろと楽しい会話がはずんでいる途中、誰かが「……そうだ」と言った途端、その中の子どもの一人が、その言葉尻を捉えて「そうだ、そうだ。そうだ村の……」と歌い出し、たちまち呼応した子どもたちの大合唱に変わってしまうのである。

私にもしっかりとその記憶があるが、読者のみなさまも子ども時代、こうしてこの歌で遊んだ経験をお持ちの方も多いことだろう。

各地に類歌は存在している。松下さんの歌では、まんじゅうに餡がなかった、としているが、他の地区の歌では、いずれもまんじゅうはうまかった、とか、まだ食べていない場合でも、うまいそうだ、となっているので、餡は入っていたのであろう。

米子市淀江町九区のもの。

そうだ　そうだ　ソーダ屋の宗助さんが
ソーダ飲んで　死んだそうだ
葬式まんじゅうは　うまかったそうだ
（橋本博子さん・昭和23年生）

この歌では、ソーダを飲んで死んだのは、多くの場合、「村長さん」であるが、ここでは「宗助さん」という人物になっている。また次の歌では簡単に「宗さん」と呼んでいる。

倉吉市湊町では、

ソーダ屋の宗さんが
ソーダ飲んで　死んだそうだ
葬式まんじゅう　うまいそうだ
（岡田逸子さん・大正6年生）

ただ、私の鳥取県内での収録例は、残念ながらこの三例以外には見つからないので、隣県の島根県の事例を二つばかり眺めておく。

浜田市金城町今福の歌。

そうだ　そうだ　そうだ村の村長さんが
ソーダ飲んで　死んだそうだ
葬式まんじゅう　うまいそうだ
（山岡昇さん・昭和25年生）

江津市波積町南の歌。

そうだ　そうだ　そうだ村の村長さんが
ソーダ飲んで　死んじゃったそうだ
葬式まんじゅう　うまかったそうだ
（嘉戸宗憲さん・昭和22年生）

二例とも主人公は「村長さん」であり、まんじゅうも「おいしい」ことになっているので、このようなスタイルが標準だろうと思われる。

東部

73 おさよと源兵衛（手まり歌・八頭郡智頭町）

一つとせ　一つとせ
人も通らぬ山道を　おさよと源兵衛《げんべ》は
夜通るノー　夜通る
二つとせ　二つとせ
二股大根は離れても　おさよと源兵衛は
離りやせぬノー　離りやせぬ
三つとせ　三つとせ
見れば見るほどよい男　おさよがほれたも
むりはないノー　むりはない
四つとせ　四つとせ
用のない街道二度三度　おさよに会いたさ
顔見たさノー　顔見たさ
五つとせ　五つとせ
いつもはやらぬ簪《かんざし》を　おさよにささせて
姿見るノー　姿見る
六つとせ　六つとせ
むりにしめたる腹帯を　ゆるめてくだされ

源兵衛さんノー　源兵衛さん
七つとせ　七つとせ
何をいうにも隠すにも　おさよの腹には
ややがおるノー　ややがおる
八つとせ　八つとせ
焼けた屋敷に長屋建て
長屋のぐるりに　松植えて
松の小枝に鈴つけて
鈴がチャンチャン　鳴るときは
じいさん　ばあさん　悲しかろ
とうちゃん　かあちゃん
うれしかろノー　うれしかろ
九つせ　九つせ
ここで死んだら　どこで会う
極楽浄土の道で会うノー　道で会う
十とせ　十とせ
ととさん　かかさん　留守のまに
おさよと源兵衛が　色話ノー　色話
十一せ　十一せ
いちいちわたしが　悪かった
こらえてください
源兵衛さんノー　源兵衛さん
十二とせ　十二とせ
十二薬師に願かけて　おさよの病気が
治るよにノー　治るよに
十三せ　十三せ
十三桜は山桜
おさよと源兵衛は　色桜ノー　色桜
十四とせ　十四とせ
死出の山辺は針の山　手に手をとって
二人づれノー　二人づれ
十五とせ　十五とせ
十五夜お月さんは　夜に余る
おさよと源兵衛は
目に余るノー　目に余る
十六せ　十六せ
十六むさしを　指すときにゃ
教えてくだされ
源兵衛さんノー　源兵衛さん
十七せ　十七せ

質に置いたる帷子《かたびら》を　請《う》けてくだされ
源兵衛さんノー　源兵衛さん
十八せ　十八せ
十八さそりは垣をはう
おさよと源兵衛は
閨《ねや》をはうノー　閨をはう
十九とせ　十九とせ
十九嫁入りはまだ早い
二十《はたち》とせ　二十とせ
機《はた》もだんだん縞機《しまばた》を
これこそ源兵衛さんの　夏羽織ノー　夏羽織
(伝承者・八頭郡智珠町波多　大原寿美子さん・明治40年生)

昭和五十四年九月二十二日にうかがった長い手まり歌である。

74　ねんねこ　ねんねこ（遊ばせ歌・東伯郡琴浦町）

ねんねこ　ねんねこ　ねんねこや
りんかのこの人　この人
出家《しゅっけ》を害する手だてだ
早く　早く　山　山
（伝承者・東伯郡琴浦町高岡　毎田すゑのさん・明治26年生）

昭和五十六年十月十二日に毎田さんのお宅でうかがった歌である。

さて、子守歌の中で、遊ばせ歌としてうたわれるこの歌は、ちょっと見れば何のおもしろ味もないように見える。

しかし、実はこの歌には、少し恐ろしい昔話が添っているのである。

うたってくださったのは、毎田さんであるから、当然、ご本人は話をご存じだろうと思い、そのことをたずねてみたが、昔話の方は残念ながら、覚えておられなかった。

　文献にそれらしきものを捜したが、やはり見つからなかった。しかし、私は昭和三十五年（一九六〇）六月十二日に、隣の島根県浜田市三隅町東大谷の竹内藤太さん（明治9年生）からうかがっている。

　次にその話の大要を記しておく。

　子守りに学問のある者を雇うと、育つ子が、偉《えら》くなるというので、ある家でそのような子守りを雇ったという。

　ところで、その家のおやじは、隣のおやじと組んで泥棒をしており、金持ちの旅人が来ると、宿を貸して泊まらせ、殺して金を盗っていた。

　ある日。金持ちの僧侶が泊まることになった。

　それを知った子守り娘は、「今夜こそ、坊さんを、助けてあげよう」と思い、坊さんが眠らないうちに、子どもの尻をつねってわざと泣かし、次の子守歌をうたったのである。

りんかあじんと　かあじんと
ににんがもうすを　ごんすれば
たそうをせっすと　もうすぞ
やまにやまぁ　かさねて
くさにくさぁ　かさねて
デーン　デーン　デーン

　これを分かりやすく書くと次のようになる。

隣家人と家人と
二人が申すを
言すれば
他憎を殺すと申すぞ
山に山を重ねて（「出」つまり「出ろ」の意）、
草に草を重ねて（「草々」つまり「早々に」の意）、
これで「デーン　デーン　デーン（出よ、出よ、出よ）」の意味となる。

　これを聞いた坊さんも学問があるものだから、即座に歌の持つ本当の意味を悟り、急いでその家を立ち去ったおかげで、命が助かったということだ。

毎田さんの歌も、おそらくこのような話の中に挿入された子守歌であったに違いない。

しかし、話そのものはいつしか忘れ去られても、謎解きのおもしろさを持ったこの歌だけは、遊ばせ歌として、子守り自身の遊びという意味合いも遊ばかねて、長くその命脈を保っていたものと解釈できそうである。

75 おこさん　おこさん　起きなんせ（手まり歌・西伯郡大山町）

おこさん　おこさん　起きなんせ
起きて髪結うて　鉄漿《かね》つけて
お寺にちょこちょこ　参らんせ
お寺のご門に腰かけて
しっぽりかっぽり　泣かしゃんす
何が不足で　泣かしゃんす
何だり不足は　なけれども
わたしの弟の千松が　江戸の街道に金掘りに
金を掘るやら　掘らぬやら
上から鴉《からす》がつつくやら
下からミミズが　つつくやら
一年たっても　帰りやせぬ
二年たっても　まだ帰らん
三年たっても　まだ帰らん
それが悲しゅうて　泣くわいの　泣くわいの

（伝承者・西伯郡大山町高田　提島あきさん・明治41年生）

同町国信の歌は、

おこさん　おこさん　起きなんせ
起きて髪結うて　かねつけて
お寺にちょこちょこ　参らんせ
お寺のご門に腰かけて
しっぽりかっぽり　泣かしゃんす
何が不足で　泣かしゃんす
何だり不足は　ないけれど
わしの弟の千松が　江戸の街道に金掘りに
金を掘るやら　掘らんやら
鴉がつついて　死んだやら
一年たっても　戻りやせず
二年たっても　戻りやせず
三年三月に状が来て
状の中身を　開けてみりゃ
土が崩れて死んだげな
それが悲しゅうて　泣くわいな
（谷尾トミコさん・明治44年生）

隣の島根県ではこの内容がさらに発展して長編物語となっている。
島根県仁多郡奥出雲町大呂の例を紹介する。

うちの後ろのチィ藪に　すずめが三羽とまって
一羽のすずめが　言うことにゃ
ゆんべ呼んだる花嫁御
けさの座敷へ　すわらせて　畳三枚ござ三枚
合わせて　六枚屏風《びょうぶ》を　立てつめて
金襴緞子《きんらんどんす》を　縫いかけて
しっぽりかっぽり　泣かしゃんす
何が不足で　泣かしゃんす
何だり不足は　ござらぬが
わしの弟の千松が　西のコウラへ
かね掘り行きて
一年待っても　もどらんが
二年待っても　まだもどらん
三年ぶりのついたちに　人をごせとの状が来た
人はやらぬが　わしが行く
あとの田地は　どうしゃるか

後の田地はカネにして親に三貫　子に四貫
思う伯母ごに　スヤスットントン
スヤスットントン
四十四貫の銭金は　高い米買うて船に積む
低い米買うて船に積む
さあさ押しぇ押しぇ　都まで
さあさ漕げ漕げ　都まで
都もどりに何もろた　一に笄　二に鏡
三に更紗の帯もろた　くけてごっさい
伯母ごさま
そこで伯母ごが　申さるにゃ
くきょうくきょうと　思えども
帯にゃ短し　タスキに長し
山田薬師の鐘の　釣り緒に
ちょうどよかろ　ちょうどよかろ
（安部イトさん・明治27年生）

76 トンドに火を（歳事歌・鳥取市気高町）

東部

トンドに　火を入れっだどよー
トンド　トンド

（伝承者・鳥取市気高町酒津　島崎まつさん・明治24年生）

昭和五十五年十一月十二日にうかがった。

島崎さんの説明では、小正月のとんどのおり、子どもたちがこの歌をうたうのを合図に、大人たちがとんどに火をつけたものだという。

西角井正慶篇『年中行事辞典』（東京堂）から「とんど」の項を抄出しておく。

主として小正月に行われる火祭の行事。爆竹の音や火勢を形容するどんど・どんどんなどいうことばの連想により、行事の名称となったものであろう。宮中の三毬杖《さぎちょう》でも、室町時代以降は、牛飼・仕丁が声をあげて「とうどやとうど」すなわち「尊や尊」とはやした。（以下省略）

四宮守正著『日本の民俗・鳥取』二一三ページ

に酒津のトンドについての説明があるので、少し引用しておく。

……気高町酒津など、子ども組が中心となって行なう場合が多い。いずれも大きな火をたくことにつとめ、正月行事のうちでは子どもたちが主役として参加する最大の儀礼である。トンドの煙に乗って年神さんがお帰りになると教えられていた。この火にあたると長生きするとか、飾りを焼いた灰を顔につけると病気をしないといわれている。この火で餅をあぶり六月一日にいただく。トンドの竹をヤイトハシにして子ども組が各家に配るところもある。トンドの火や煙が高くあがることをよろこび、書きぞめが高くあがると字が上達するといわれていた。

次の類歌は米子市富益町北口のものだが、この場合は大人たちもうたい、また参考歌にあげたような盆踊り歌の詞を借りたものもうたったという。

トンドや　マンドや
トンドや　マンドや

（松下ゆきこさん・明治35年生）

今年や豊年よ　ヨイヨィ
穂に穂が咲いて　アラヨーイセー　ヨーイセー
道の千草に　ヨーイホーガ　米がなる
ヨーイヤーナー　ヨーイヤナー
アレワイセー　コレワイナー
アー　イヨノー　ナンデモエー
ゴストジャ　ゴストジャ

（松下ゆきこさん・明治35年生）

なお、前著によると「トンド」は、ドンドンヤキ・ドンド・トンドサンなどともいい、十四日に行うところは晩に、十五日のところは早朝に行うという。これは正月飾りを焼くことが中心であるが、伯耆地方でも弓浜地帯のトンドは、神輿、ダンジリなどをかついでトンド場に行って神事を行うなどずいぶん手のこんだものがあるようだ。

77 正月つぁんは　よいものだ（歳事歌・東伯郡北栄町）

正月つぁんは　よいもんだ
赤いべべ着て　羽根ついて
雪より白いまま食って
下駄の歯のよな　ブリ割いて
（伝承者・東伯郡北栄町島　乗本かな江さん・昭和6年生）

昭和五十六年十月十一日にうかがった歌である。

第70回で紹介したのは、「正月がどこまで来たのか」と想像してうたったものであったが、それに対して第68回と今回のは「正月そのものがすばらしい」と評価し、その理由を「すてきな着物を着ることができ、羽根つきに興じ、普段はなかなか食べさせてもらえない、真っ白なご飯を食べることも許されるばかりか、それにはご馳走であるブリまで食べられるのである」と素朴に並べてう

中部

たいあげている。
不思議なことに、わたしはまだ島根県ではこの類の歌は収録していない。かなり気をつけて調べてみたが見つからなかった。しかしながらなぜか、鳥取県には多い。同郡湯梨浜町別所でも、

正月つぁんは　よいもんだ
赤いべべ着て　バボ食って
下駄の歯のよな　ぶり食って
(金涌《かなわく》志んさん・明治34年生)

とあり、中部から西部にかけてうたわれていた。西部の例としても、

西伯郡大山町国信で、

正月つぁんは　よいもんだ
下駄の歯のよな　ブリ食って
雪より白いまま食って
赤いべべ着て　羽根ついて
正月つぁんは　よいもんだ
(谷尾トミコさん・明治44年生)

このようにほぼ同じ内容である。ただ、この歌は鳥取県でも東部ではまだ見つかっていないようである。
ところで、第二次世界大戦前の日常の食事は、まことに粗末で、麦飯は当たり前、しかも麦が半分以上入ったご飯も珍しくなかった。そのような時代の子どもたちにとって、白いご飯は最大のぜいたくだった。それが「雪より白いまま食って」と表現されるのである。
なお、連鎖反応的に思い出すものとして、「牛追いかけ節」(牛追歌)がある。松本穰葉子著『ふるさとの民謡』(昭和43年・鳥取郷土文化研究会刊)では、伯耆地方の次の歌が紹介されている。

博労やめやめ
いわれるけれど
何で博労が　やめらりょか

夏は木の下蔭休み　冬は炉端で煙草盆
いたちの毛のような　煙草吸い
油のような酒のんで
お手々たたいて何百両
なんぼ親衆が叱っても
なんで博労が　やめらりよか

正月と何の関連もない民謡であるが、どことなく共通した感じがするのは、私だけだろうか。

78 一番初めは一宮（手まり歌・米子市今在家）

一番はじめは一宮《いちのみや》
二また日光東照宮
三また佐倉の宗五郎
四また信濃の善光寺
五つは出雲の大社《おおやしろ》
六つ村々鎮守様
七つは成田の不動様
八つ八幡《やわた》の八幡宮《はちまんぐう》
九つ高野の弘法さん
十で東京明治神宮
これほど心願かけたのに　浪子の病は治らない
ゴウゴウゴウゴウ　鳴る汽車は
武男と浪子の生き別れ
二度と会われぬ　汽車の窓
泣いて血をはく不如帰《ほととぎす》
（伝承者・米子市今在家　米村玉江さん・大正8年生）

平成七年三月十一日にうかがったものである。

この歌の背景は、徳冨蘆花の長編小説である『不如帰』にある。この小説は明治三十一年十一月から翌年五月まで『国民新聞』に連載された。内容は海軍少尉川島武男と妻・浪子の愛情と悲劇を描いたもので、人気が高かった。

さて、米村さんの歌では、元々独立して存在していた「寺社づくし」の後に、小説『不如帰』の武男と浪子の別れの部分を加えて作られたもの。

前述したように、この歌は全国的に広くうたわれていた。

次に東部の八頭郡智頭町福原の歌。

一番初めが一の宮
二は日光東照宮
三で讃岐の金比羅さん
四に信濃の善光寺
五つ出雲の大　社《おおやしろ》
六つ村々鎮守さま
七つ名札の不動さま
八つ八幡《やわた》の八幡《はちまん》さん
九つ高野の弘法さん
十で東京の真言寺
これほど信心したけれど
浪子の病は治らない
ゴウゴウゴウと　鳴る汽車は
武男と浪子の生き別れ
二度と会えない　汽車の窓
鳴いて血をはく不如帰《ほととぎす》
（大藤みつ子さん・大正4年生）

後半が少しふくらんでいる歌があった。隣県江津市桜江町川越のものである。お手玉歌として、聞かせていただいた。

一番はじめが一宮
二また日光中禅寺
三また佐倉の宗五郎
四また信濃の善光寺
五つで出雲の大　社《おおやしろ》

六つで村々天神様
七つ成田の不動様
八つ八幡《やわた》の八幡宮《はちまんぐう》
九つ高野の弘法様
十で東京の日本橋
これほど心配かけたのに
浪子の病《やまい》は治りやせぬ
武男が戦地に向かうとき
白い真白いハンカチを　うちふりながらも
ねえあなた　早く帰りて　ちょうだいね
ゴウゴウゴウと　鳴る汽車は
武男と浪子の生き別れ
二度と会われぬ　汽車の窓
なして（「泣いて」の変化）血を吐く不如帰《ほととぎす》
（島田ツチエさん・大正9年生）

ほぼ同様の形ではあるが、二人の会話のついているこの種の歌も、けっこう広い地域でうたわれていたようである。

79 巡礼お鶴（手まり歌・鳥取市青谷町）

東部

一つとえ　一つとえ
柄杓《ひしゃく》(1)笈摺《おいずる》杖に笠
巡礼姿で父母を
尋にょうかいな　尋にょうかいな

二つとえ　二つとえ
(2)補陀落《ふだらく》岸うつ三熊《みくま》さん
那智さんお山は音高い
参ろうかいな　参ろうかいな

三つとえ　三つとえ
見るよりお弓は走り出て
盆に精米《しらが》の志
進じょうかいな　進じょうかいな

四つとえ　四つとえ
よもよも西国《さいこく》出しゃんする
定めて連れ衆は親御だち
同行《どうぎょう》かいな　同行かいな

五つとえ　五つとえ

いつもわたしは一人旅
父さん母さん顔知らず
会いたいわいな　会いたいわいな
六つとえ　六つとえ
むりやり押しやり　返しやり
盆に精米の志
進じょうかいな　進じょうかいな
七つとえ　七つとえ
泣き泣き尋ねて来たものを
だまして去《い》なする親心
(3)かわいいわいな　かわいいわいな
八つとえ　八つとえ
山坂うね坂観音寺
めぐりめぐりて来たものを　(4)………
九つえ　九つえ
九つばかりの巡礼が
十郎兵衛館《やかた》玄関口《げんかぐち》　十郎兵衛館《やかた》の玄関口《げんかぐち》
入ろうかいな　入ろうかいな
十とえ　十とえ
疾《と》うからわが子と　知れたなら
十郎兵衛手にかけ　殺しゃせぬ
かわいいわいな　かわいいわいな
（伝承者・鳥取市青谷町楠根　児玉かつ子さん・明治40年生）

〔注〕（1）巡礼の衣装、袖なしの羽織に似た薄い衣服。
（2）インドの南端にある観音の住む山をいう。わが国では霊場にこの名を用いる。「補陀落や岸打つ浪は三熊野の、那智のお山にひびく滝つ瀬」（西国三十三番巡礼歌）
（3）「去なそうかいな」（徳島＝『わらべ唄風土記』）とも。
（4）伝承者が歌詞を忘れた。岩美郡岩美町蒲生では「かわいいわいな」とうたっている。また「去なさりょかいな」（徳島＝同前書）とも。

浄瑠璃『傾城阿波鳴門《けいせいあわのなると》』―明和五年（一七六八）、大坂竹本座初演―に題材をとったものである。阿波徳島の浪人十郎兵衛は、主家の重宝詮議のため妻のお弓とともに盗賊となっている。その隠れ家に父母をたずねて苦行してきた娘のお鶴が立ち寄るが、母お弓は自分たちが盗賊の身なので名乗らずに帰す。ところが十郎兵衛は途中お鶴に会い、わが子と知らず金を奪おうと殺してしまう、という筋である。山陰地方を眺めても、手まり歌のほかに盆踊りの口説《くどき》となって広く人々に親しまれている。

同じ手まり歌は第34回でも類歌を八頭郡智頭町・大原寿美子さんからもうかがっているのである。

80 お月さんなんぼ（子守歌・鳥取市福部町）

東部

お月さんなんぼ　十三ななつ
七織り着せまして　京の町に出いたらば
鼻紙落とし　笄《こうがい》落とし
鼻紙　花屋の娘が　ちょいと出て拾って
笄　紺屋の娘が　ちょいと出て拾って
泣いてもくれず　笑ってもくれず
とうとうくれなんだ

（伝承者・鳥取市福部町湯山　浜戸こよさん・明治39年生）

月を見てうたう歌。鳥取県でもこの類の歌はかなり見つかったが、いろいろな形に変化しているところが特徴といえる。この歌は県内では東部に限られた型のようである。兵庫県三方郡浜坂出身の方からもうかがっているので、京都までもよく似た形で伝えられていることが分かっている（柳原書店・高橋美智子著『京都のわらべ歌』所収）。

また江戸時代前期、元禄文化盛んな頃に生まれた鳥取藩士の野間義学（一六九二〜一七三二）は、因幡地方で歌われていたわらべ歌五〇曲を筆録した『古今童謡』を残している。ちなみにこの本は世界最古のわらべ歌集となっているが、ここにも以下のように載せられている。

お月さまなんぼ　十三七つ
七織り着せて　京の町に出いたれば
笄《こうがい》　落とす　鼻紙落とす
笄　紺屋の拾う　鼻紙　花屋が拾う
泣けどもくれず　笑うてもくれず
なんぼ程な殿じゃ　油壺からひきだいたような
小男　小男

ところが、伯耆になると「七織り着せて」の形は影を潜め「尾のない鳥」に変わって行く。西伯郡大山町国信では、

お月さんなんぼ　十三ここのつ
そりゃまんだ若い
若もござらぬ　いにとうござる
いなはる道で　尾のない鳥が
油筒ぞろぞろ飲んで　よい子を生んで
お万に抱かしょか　お千に抱かしょか
お万は油屋の門で　滑って転んで
徳利《とく》投げた

（谷尾トミコさん・明治44年生）

県境を越えた松江市にもそれは続いている。松江市生馬町の例を挙げる。

お月さんなんぼ　十三ここのつ
そりゃまんだ若いの
若うもござらぬ　いにとうござる
いぬたかいなされ　いなさる道で
尾のない鳥が　油筒くわえて
あっちの方へホキホキ
こっちの方へホキホキ

（和田繁八さん・明治15年生）

鳥取県西部から島根県出雲地方にかけては「尾のない鳥」「油筒」などの語句が共通しているのである。

81　とおーた（外遊び歌・米子市富益町）

西部

とぉーたあ
ア　みーんがよう
ア　いーつがむう
ア　なーながやあ
ア　こーのがとお
ア　お糸さんの松のしんばへちょいと止まった
ア　しまいの　がんのがんの
　　弁当箱だ　ノー　弁当箱だ
（伝承者・米子市富益町　松下ゆきこさん・明治35年生）

昭和五十六年十月二十五日に松下さんのお宅でうかがった歌である。

松下さんはブランコに乗った子どもをうしろから押してやるおり、この歌をうたったものであったと話しておられた。

「しまいのがんの」とうたわれている「がん」は、空を飛んでいる雁を意味しているのかも知れないが、今となっては確かめる術もない。

しかし､子どもたちの想像力はなかなか豊かで、巧みに即興的な言葉を編み出しては、ブランコ遊びをしていたのである。

さて、歌の解説はこのくらいにして、今回は少し紙数にゆとりがあるので、わたしのこの面での研究について述べておきたい。

言語伝承に関心のあったわたしが、鳥取県内のわらべ歌収録を思いついたのは、昭和三十年代のことである。まだわたしも二十代で若かった。

自宅が松江市にあったわたしではあったが、勤務先は島根県西部、石見地方の中学校であった。

ちょうどそのころ、携帯用のテープレコーダーが出始めたばかりだったが、なにしろ初めのころとて、携帯用とはいえ、五キロの重さがあり、カセットテープはまだなく、小型のオープンテープで録音するようになっていた。その後、カセットテープから今日のようなMDやCDに録音するような時代になろうとは、まったく想像すら出来ない時代だった。

国語や社会科を担当していたわたしは、地元の民話やわらべ歌、労作歌などを、古老を訪問して録音し、授業に生かして行こうと考えて、収録を開始したのである。

お訪ねした古老の方々は､どなたも親切だった。そしてラジオしかなかったころであり、録音したばかりの声を、その場で再生してあげると、まるでラジオ放送を聴くような気分になって、「こんな昔話もありますよ」とか「もう一つ手まり歌を思い出しましたよ」など、次々新しい話や歌を教えてくださったものである。そしていつしか収録範囲も、山陰両県に広がっていった。鳥取県内でもまず東部の方から録音をスタートさせ、次第に中部から西部に移して行ったのである。

無形民俗文化財である、これらの資料はそのままにしておくのではなく、鳥取県立博物館でもMDに納めてたり、ホームページにも登載していただき、研究者に自由に活用してもらえるようになっている。希望の方は、博物館に行けば音声が聴けたり、録音もできる配慮がされている。

「研究者冥利に尽きる」とわたしは感謝しているのである。

82 向こうばあさん

（手まり歌・八頭郡八頭町）

東部

向こうばあさん　縁から見れば
菊や牡丹や　手まるの花や
手まるよう来た　あがれとおしゃれ
あがれ　茶茶飲め　おすべり煙草
煙草吸うまに　おままが煮える
これのお菊は　なしてまま食わぬ
腹が痛いか　夏〔注〕がめしゃるか
腹も痛《いと》ない　夏がみゃせねど
腹に八月の子がござる　子がござる
スットコトンよ　また百ついた

（伝承者・八頭郡八頭町日下部　西川はずゑさん・明治37年生）

〔注〕「夏病み」の訛り。

昭和五十六年五月三十一日にうかがった。

「手まる」とうたわれているが、もちろん「手まり」のことである。この歌は全国的な分布を持っており、県内でもよく聞かれる歌である。前半では手まりを擬人化して、やって来た手まりを歓迎しているが、それもそのはずで、現在のゴムまりとは違い、手まりは祖母や母が女の子のために夜なべ仕事などで、けんめいに作ったものであった。
岩美郡岩美町田後の山田てる子さん（明治35年生）は、祖母が綿を丸めてその上を糸で美しくかがって作ってくれたものだ、と往時を懐しんでおられた。
そのようにして作られた手まりだっただけに、たいせつにしていた気持ちが、このような形の歌になったものと思われる。
鳥取市気高町酒津の歌。

向こうばばさん　縁から見れば
菊や牡丹や　手まりの花や
手まりよう来た　あがれとおおしゃれ
あがる言葉は　かたじけないが
うちの嫁御は　なぜまま食わぬ
腹が痛いか　夏やせしたか
いつも夏やせ　したこたあないに
腹に八月のややがおる　ややがおる
（水田やゑさん・大正元年生）

それにしても内容のませているのには、改めて驚かされる。
同市青谷町楠根の例。

向こうあばさん《おばさん》　縁から見れば
菊や牡丹や　手まりの花や
手まりよう来た　あがれとおっしゃれ
あがれことばは　かたじけないが
うちの姉さん　なんでまま食わぬ
腹がにがるか　病気がさすか
腹もにがらぬ　病気もささぬ
腹に三月のややがおる
あのスットントン　このスットントントン
（児玉かつ子さん・明治40年生）

たまたま東部の歌だけ紹介したが、類歌は県内各地で、一昔前の古老の方々から、聞かれたものである。

83　千歳や　万歳や（歳事歌・西伯郡大山町）

千歳や　万歳や　榎《え》の実の栂《とが》の
松の元の勘左衛門
十五日《じゅうごんち》が参ったら　八斗《はっと》菜《な》の釜で
九斗《くと》ほど煮出いて　日本中のからすが
とーまいとーまい　止まった
（伝承者・西伯郡大山町国信　清水フデヨさん・大正2年生）

昭和五十八年九月二十五日にうかがった歌である。

清水さんの話では、この地域では戦後しばらく、正月になると「鳥追いのおじいさん」がこの歌をうたい一軒一軒を回っていたという。このことを「恵比須さんの歳乞い」と称していたが、それがいつしか子どもたちのなじみの歌となり、あちこちでうたわれるようになったようである。

そもそも「鳥追いのおじいさん」は何者だろう。残念ながら詳細は、聞き漏らしてしまっており、

西部

今となっては調べようもないが、少し推察してみることとしよう。

まず「鳥追い」であるが、七草のおり、一家の主人などが、歳徳神の前で、俎板《まないた》の上を右手にすりこぎ、左手にシャモジを持ち交互に叩きながら「唐土の鳥が日本に渡らぬ先に」と唱えることを言うが、これは農作物を荒らす害鳥を追う予祝行事を意味している。

ついで「おじいさん」は歳神に扮して集落の家々を訪問してくる門付けの老人を言っているのだろう。

以前の正月行事では、地区内の子どもたちでも「ほとほと」とか「といとい」などと称して、藁で作った馬などを、各家の縁側に置いて回り、そのおり各家では縁側に柿とか蜜柑、餅などを置いておき持ち帰らせる。そして持ち帰ろうとする子どもたちに物陰から水を掛けるとする行事とか、第32回でも紹介しておいたが、旧暦十月の亥の日の行事のように、「亥の子」と称し、子どもたちが「亥の子さんの夜さ／祝わぬ者は／鬼を産め蛇生め／角の生えた子産め／あー餅ごしゃれ／餅ごしゃれ」（三朝町曹源寺）と家々の角を藁苞《わらづと》を地にたたきつけながら回ると、それぞれの家では亥の子餅や果物などを、子どもたちに与えるという行事の心も同様である。つまり、農神様への感謝を捧げることにより、来たるべき年の豊作を祈願していたのである。家々を回って来る子どもたちは歳神や亥の子神、水神などに仮託されているわけであった。

さて、本題に返って見てみると、「鳥追いのおじいさん」であるが、「ほとほと」や「といとい」の子どもたち、あるいは亥の子の日、家々を回る子どもたちと同様の意味を持っていると解釈出来る。ただやや違っているのは、集落内の子どもたちではなく、集落外の山奥から、いわば職業的な形で、正月に限って訪問する老人を意味していたようだが、もちろんそれは豊作を予祝する神を示していたはずである。

「恵比須さんの歳乞い」の名前から見ても、恵比須信仰そのものは、農家の作神や家々の守護神を祭ることを示しているのである。

84 丸山どってんから（手まり歌・東伯郡琴浦町）

丸山どってんから
赤い鳥が　三つ三つ
白い鳥が　三つ三つ
（伝承者・東伯郡琴浦町八橋　毎田すゑのさん・明治26年生）

全国的にうたわれている手合わせ歌「青山土手から」を手まり歌に転用したものと思われる。実に単純で、しかも強い印象を与える歌である。わたしがこの歌をうかがったのは、昭和五十六年十月十二日だった。毎田家では稲刈りの最中で、わたしが突然おじゃましたにもかかわらず、歓迎してくださった。うたってくださった歌の一つがこれだったのである。聴いた瞬間、わたしは北原白秋（明治18年福岡県生まれ）の次の詩を思い出した。

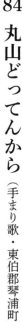

赤い鳥、小鳥、
なぜなぜ赤い。
赤い実をたべた

白い鳥、小鳥、
なぜなぜ白い。
白い実をたべた

青い鳥、小鳥、
なぜなぜ青い。
青い実をたべた

芸術の香り高いこの詩は、鈴木三重吉主宰の児童雑誌『赤い鳥』大正七年（一九一八）十月号に発表されたものである。

この雑誌は鈴木三重吉が、子どもの情操を育むため、新しい話や歌を創作し社会に広めるべく創刊されたものである。この雑誌には芥川龍之介「蜘蛛の糸」、有島武郎「一房の葡萄」、新美南吉「ごん狐」などの小説や童謡では鈴木三重吉「お馬」、北原白秋「からたちの花」、西条八十「かなりや」などが挙げられる。

北原白秋は『赤い鳥』に自作の童謡の発表を行いながら、寄せられる投稿作品の選者として重要な役割を果たした。

大正七年十一月号に西條八十の童謡詩として掲載された「かなりや」は、翌年の五月号に成田為三の作曲した楽譜が掲載され人びとに歓迎された。このように元々童謡は文学的運動としてはじまり、当初は鈴木三重吉も童謡担当の北原白秋も、童謡に旋律を付けることは考えていなかったが、この楽譜掲載は大きな反響を呼び、音楽運動としての様相を見せるようになったとされている。

この雑誌『赤い鳥』は鈴木三重吉が亡くなる昭和十一年まで続いたのである。発行部数は多いときで三万部に及んだと言われている。

ところで、冒頭紹介した琴浦町伝承のわらべ歌も、素朴ながらこれに一歩もひけをとらぬ豊かな叙情性を持っている。

子どもの創作意欲をかき立て、このあとに「青

い鳥が　三つ　三つ」と重ねても面白いし、鳥の色も、この他、黄色い鳥、黒い鳥、紫の鳥……などと次々いくらでも追加して行くことが可能であろう。

85 ひーちく　たーちく（鬼決め歌・鳥取市佐治町）

東部

ひーちく　たーちく　たーえん　こーえん
中見りゃ　芯がわく
日光じょうらい　角の先ゃ　ポイ
（伝承者・鳥取市佐治町尾際　福安初子さん・大正4年生）

昭和六十二年八月二十四日にうかがった。

子どもたちが輪になってそれぞれ手を握り、突き出す。そして歌に合わせて一人が握りこぶしの穴へ順番に指を突っ込んで行き、歌の終わりに当たった子どもが鬼になるか、あるいはこの子どもを除いて行き、最後に残った子どもが鬼に決まるというしくみになっている鬼決め歌である。

中部地区や西部地区になると同じ鬼決め歌でも詞章が次のように「いっぽかっぽ」でうたい出す歌が知られているようだ。

倉吉市湊町の歌。

いっぽ　かっぽ　じゅくじゅくと抜けた
抜いても抜かでも　梶原左衛門　ちょっと抜け
（岡田富枝さん・大正3年生）

西部地区の西伯郡大山町国信の歌。

いっぽ　かっぽ　じょうろく　じょうろく
じょっと引け
吹いても吹かでも　松葉のじょうろく
じょっと引け
（谷尾トミ子さん・明治44年生）

ところで少し変わった鬼決め歌も大山町高橋でうたわれていた。

井戸の端の茶碗は　あぶない茶碗で
麦の粉に花が咲いて
チョビリンコ　チョビリンコ　抜けた
（塩田ユキさん・明治40年生）

一方、島根県ではどうなっているだろうか。ここらで同類の歌を二つ紹介しておく。
益田市匹見町道川の歌。

いっぴん　ちゃっぴん　ちゃびらのごーいっ
もっぱい　せっぱい　ちりがり　がーんど
（歌い手の氏名不詳）

名前を聞きもらしてしまったが、小学生の男の子たち数名が、元気いっぱい声を張り上げてうたってくれたことを思い出す。昭和三十六年八月十九日のことであった。
江津市波積町南の歌。

イップ　デップ　芋食い山の
プイノプイノプイ
（嘉戸幸子さん・昭和7年生）

この歌をうかがったのは昭和三十五年十月二日になるが、嘉戸さんにはわらべ歌収録で、何度もお世話になったことを懐かしく思い出すのである。

86 向こうばあさん　縁から落ちて（手まり歌・東伯郡琴浦町）

中部

向こうばあさん　縁から落ちて
すねをくじいて　膏薬《こうやく》貼って　歩くたんびに
あいたた　ちょいとさ　あいたた　ちょいとさ
（伝承者・東伯郡琴浦町八橋　毎田すゑのさん・明治26年生）

昭和五十六年十月十二日にうかがった。
子どもの観察眼は非情である。この手まり歌の主人公の老女に向けて、縁から落ちてすねをくじいて痛がって歩く姿を、からかっているのである。
一方、「向こうばあさん」で始まる手まり歌でも、まったく違った次の内容の歌も広く存在していた。八頭郡八頭町日下部での歌。

向こうばあさん　縁から見れば
菊や牡丹や　手まるの花や
手まるよう来た　あがれとおしゃれ

あがれお茶飲め　おすべり煙草
煙草吸うまに　おままが煮える
これのお菊は　なしてまま食わぬ
腹が痛いか　夏がめしゃるか
腹も痛《いと》ない　夏がみゃせねど
腹に八月《やつき》の子がござる
スットコトンよ
また百ついた

（西川はづゑさん・明治37年生）

これはまたちょっと変わった内容である。主人公は老女のように歌は始まるが、まもなく手まる（手まりのことを昔の人で手まると発音することもあった）に変わってしまい、それとの会話の内容が、この家に住むお菊なる女性のことに移って行き、この女性が妊娠していて、すでに八ヶ月になっているというのである。

女の子の遊ぶ手まり歌にしては、なかなかどぎつい内容であるが、昔はこのような歌がよく見られたものである。筆者は半世紀前、島根県各地でも仲間の歌をよく聞かされたものである。

鳥取市青谷町楠根の類歌を見よう。

向こうあばさん　縁から見れば
菊や牡丹や　手まりの花や
手まりよう来た　あがれとおしゃれ
あがれ言葉は　かたじけないが
うちの姉さん　なんでまま食わぬ
腹がにがるか　疝気《せんき》がさすか
腹もにがらぬ　疝気もささぬ
腹に三月のややがおる
あのスットントン　このスットントン

（児玉かつ子さん・明治40年生）

歌い出し「あばさん」は「おばさん」のこと。また「疝気」というのは、下腹部の痛みを総称しており、胃炎、胆嚢炎あるいは胆石、腸炎、腰痛などが原因となることが多い。

87 向こうの山から（手まり歌・西伯郡大山町）

西部

向こうの山から　猿が三匹とんで来て
大きな猿も　もの知らず
中の猿も　もの知らず
小さな子猿が　もの知って
ござれ友だち　花折りまいろ
花はどこ花　地蔵の前の桜花
一枝折ればパッと散る
二枝折ればパッと散る
三枝の先で日が暮れて
丹後の紺屋に宿借りて
あかつき起きて　空見れば
船どもそろえて　帆をかけて
帆かけ船は　なんじゃいな
ええこのばんこの　けいせんご
（伝承者・西伯郡大山町国信　清水フデヨさん・大正2年生）

昭和五十八年十月九日にうかがった。

なかなか愉快なストーリーである。三匹の猿の中で子猿がもの知りなので、その猿の指示で花折りに出かけるという物語になっている。同類の歌は中部地区の東伯郡琴浦町八橋にも次のようにうたわれていた。

向こうの山に　猿が三匹とまって
後の子猿も　もの知らず
先の子猿も　もの知らず
真ん中の子猿が　もの知り猿で
わっち子どもらち　花折りまいろ
花はどこ花　地蔵の前の桜花
一枝折っても　パッと散る
二枝折っても　パッと散る
三枝の坂から　日が暮れて
兄の小屋に泊まろうか　弟の小屋に泊まろうか
兄の小屋もいやで候《そろ》　弟の小屋もいやで候
山伏小屋に駆け込んで
あかつき起きて空見たら
真っ赤な真っ赤な　キイ船が
船口そろえて　帆をかけて
この船はどこ船　商船　川船　バンバ船
バンバがじょういに　さらされて
髪は河原のほうき草　草履は川のドン亀
（毎田すゑのさん・明治26年生）

昭和五十六年十月十二日にうかがった歌である。稲刈りの忙しい中で、快く対応して頂いた思い出は懐かしい。毎田さんはこのときいくつもの歌や昔話も教えてくださった。

ところで、三匹の猿の活躍する歌は好まれるようで、けっこう多くの地方で聞くことが出来る。しかし、花折りに行く歌はあまり聞かず、ほとんどの歌では猿ではなく人間の子どもが花折りに行く歌となっているのである。

また三匹の猿が活躍する歌について、鳥取県では川へ飛びこんでナマズを捕ってくる話になっている場合がほとんどといってよいようで、ここに紹介した花折りに出かける話になっているのは少数派と言えるようである。

88 草履隠しクーネンボ

（履き物隠し・鳥取市鹿野町）

東部

草履隠しクーネンボ　橋の下のネズミが
草履をくわえて　チュッチュッチュッチュッ
チュッチュク饅頭は　だれが食た
だれも食わない　わしが食た
表の看板　三味線屋
さあさあ　引いたり引いたり

（伝承者・鳥取市鹿野町大工町　竹部はるさん・明治30年生）

昭和五十六年十月十日にうかがった。

この歌の遊び方は、まず全員が履物の片方を差し出して一列に並べ、その上を親が詞章に合わせて順番に指差してゆく。歌の終わりに当たった履物の持ち主は、その瞬間に鬼と化し、履物を隠す隠し鬼へと移行する。こういった決まりごとのもとに繰り返し遊ぶのである。鳥取県下でもこの遊びは親しまれていたようだ。詞章もだいたい同じだった。
昭和三十九年八月七日にうかがった西部地区の日野郡江府町御机の歌。

草履隠しチューレンボ　橋の下の子ネズミが
草履をくわえて　チュッチュッチュ
チュッチュク饅頭は　だれが食た
だれも食わない　わしが食た
表の看板三味線だ　裏から回って三軒目

（別所清子さん・昭和32年生）

冒頭の鳥取市鹿野町の歌が「表の看板三味線屋」であるところ、江府町の歌は「……三味線だ」となっているのは、鳥取市の方が元だったと考えられ、日野郡江府町の方が変化したものだろう。
また、時代と共に草履《ぞうり》が履かれなくなってきたことを示すものとして、中部地区では「草履」が「下駄」に変化している歌が見つかった。しかし、頭隠して尻隠さず、であって、そこは子どものことゆえ、歌の途中では、元の歌のまま「草履をくわえて……」と続けているのはご愛敬であろう。
このように「下駄隠しチューレンボ……」で始まる歌は、東伯郡北栄町島や三朝町下西谷、米子市富益町でも見つかっている。案外、「靴隠しチューレンボ……」となっている歌もあってよいように思われるが、現在のところ筆者はまだ見つけていない。ここでは東伯郡北栄町島の歌を挙げておこう。昭和五十六年十月十一日に現地でうかがった。

下駄隠しチューレンボ　橋の下のネズミが
草履をくわえて　チュッチュチュッチュー
チュッチュク饅頭は　だれでしょか
だれが食わない　わしが食た

（乗本かな江さん・昭和6年生）

草履、下駄、靴？　……というように時代に合わせて歌も変化していくのである。

89 中の中のこーばつ子

（人当て歌・東伯郡琴浦町）

中の中のコーバツ子
わりゃなして　背が低いだ
ゼンマイ梶原《かじわら》　いささですぼんだ
（伝承者・東伯郡琴浦町高岡　高力万代さん・大正2年生）

中部

昭和三十七年三月七日にうかがった。

鬼になった子どもが一人、しゃがんで目隠しをする。そのまわりを他の子どもたちが輪になって手をつなぎ、この歌をうたいながら回るのである。歌の終わったところで、鬼は目隠しをしたまま、自分の後ろの子どもを手でさぐってその名前を言い当てる。うまく当たれば鬼はその子と交代、当たらなければ再び遊びを繰り返すのである。この遊びの歌はいくつかの種類がある。「中の中の小坊さん」や「かごめかごめ籠の中の鳥は」など、どなたもご承知のことと思う。

さて、今回のものであるが、少し長めの歌が東部地区で見つかった。岩美郡岩美町蒲生の歌である。

中の中の小坊さんは　なんで背が低い
天満《てんま》梶原の　ボシャサンにかがんで
それで背が低い
もひとつ回りましょう
もひとつ回って
お札参りに　まいりましょう
三度目がじょうずめ
もひとつ回て　じょうずめ

（山田てる子さん・明治35年生）

昭和五十五年八月二十五日にうかがったが、オーソドックスな歌は、鳥取市美和町にあった。

中の中の小坊さんは　なんで背が低いやら
エンマ梶原　イシャシャにごごんで
後ろの正面だぁれ

（中山政子さん・大正4年生）

さて、鳥取藩の元禄生まれの野間義学が集めた当時のわらべ歌集『古今童謡』には、このころの同類が次のように紹介されていた。仮名づかいを現在のものに直して示しておこう。

中の中の子仏は　なぜに背が低いぞ
エンマの梶原で　いそいそとかがんだ
かがんだ

もうひとつ次のようにも出ている。

はたのはたの子仏は　なぜに背が低いぞ
エンマの梶原で　いそいそとかがんだ
かがんだ

鳥取城下で五〇曲を集めたわらべ歌集『古今童謡』については、これまでにも再三触れておいたが、わらべ歌を扱った本としては、これまで世界で一番古いと言われた、イギリスの大英博物館に所蔵される三九曲を集めた『親指トムの唄』より十数年余り前のものなので、鳥取県民としては実に誇ってもよいものである。

90 じゃんけん　ぽい（じゃんけん歌・日野郡日野町）

西部

じゃんけん　ぽい
あいこでしょ
庄屋の子　米屋の子
（伝承者・日野郡日野町福長井ノ原　沼田スミ子さん・大正元年生）

昭和五十五年十月十日にうかがった。
順番を決めるときなどに行うじゃんけん歌である。勝負がつかなかったらつくまで続けるが、それにしても「庄屋の子」とか「米屋の子」が詞章についているのは珍しい。西伯郡南部町福成では、

じゃんけん　ぽい
あいこでしょ
しょっしょで　しょ

（桑名中子さん・明治33年生）

「しょっしょでしょ」はあいこで続けている場合の詞章であろう。

また、東部地区の鳥取市鹿野町大工町では、こんな歌もあった。

いんじゃん　ほい
じゃんけん　ぽい
（竹部はるさん・明治30年生）

少し変わったものでは西部地区の米子市淀江町西原に次の歌があった。

グーちゃん　パーちゃん
おにぎりちょうだい
紙に包んで　おにぎりちょうだい
じゃんけん　ぽい
（井上幸子さん・昭和24年生）

グー・チョキ・パーを言葉に合わせて出していき、歌が終わってからじゃんけんをする。つまり、

この歌はじゃんけんの前奏曲と言ったところであろうか。

おわりに

「はじめに」でも述べましたが、わらべ歌には土器や古墳、建築物、書物などとは違い形がありません。しかし、私たち庶民の祖先からの物の考え方、信仰や習俗を示すものが分かるとても貴重な文化遺産がつまっています。つまりわらべ歌などは無形民俗文化財です。このような伝承をきちんと後世に伝えていくのは、私たちの責任ではないでしょうか。

そう思いながら私はこのようなわらべ歌などを収録し、研究を続けてきました。それがこうして書籍になって残すことが出来、本当にうれしく思っております。関心をお持ちの方々はどうかこれらを生かし、次代に生きる子どもたちにしっかり伝えてください。私はそのような願いを込めて本書をつくりました。

また、新聞連載で多くの読者から絶賛を浴びているイラストは、半世紀以来コンビを組んでいる福本隆男氏にお願いしました。いつも気持ち良く私の要請に応じてもらいこんな嬉しいことはありません。

最後に、出版事情の厳しい昨今、本書の意義を理解され、出版を引き受けてくださった今井出版に心から感謝していることを申し添えておきます。

令和二年六月一日

酒井　董美

歌い出し索引

わらべ歌の種類索引

①遊びのはじめ

②手まり歌

⑩ **歳事歌**

⑪ **ことば遊び歌**

⑫ **子守歌**

【著 者 略 歴】

酒井　董美《ただよし》 昭和10年(1935)生まれ。松江市出身。

昭和32年(1957)、島根大学教育学部中学二年課程修了。玉川大学文学部卒業(通信教育)。島根県下の中学校・高等学校に勤務した後、大学に転じた。山陰両県の口承文芸を収録・研究している。平成11年(1999)、島根大学法文学部教授を定年退官、鳥取短期大学教授となり、平成18年(2006)退職。現在、山陰両県の民話語り部グループ育成に努めている。昭和62年(1987)第27回久留島武彦文化賞受賞。

主要著書(口承文芸関係)

『石見の民謡』－山陰文化シリーズ19－西岡光夫氏と共著(今井書店)
『島根のわらべ歌』尾原昭夫氏と共著(柳原書店)
『鳥取のわらべ歌』尾原昭夫氏と共著(柳原書店)
『山陰の口承文芸論』(三弥井書店)
『山陰のわらべ歌』(三弥井書店)
『ふるさとの民話』(さんいん民話シリーズ・全15集(ハーベスト出版)
『島根の民謡』－謡われる古き日本の暮らしと文化－(三弥井書店)
『山陰のわらべ歌。民話文化論』(三弥井書店)
野間義学『古今童謡を読む』尾原昭夫氏・大嶋陽一氏と共著(今井出版)
電子書籍『島根・鳥取の民話とわらべ歌』(22世紀アート)　ほか多数

【イラスト作者略歴】

福本　隆男 昭和34年(1959)生まれ。島根県隠岐郡海士町出身。

島根県立隠岐島前高校卒業後上京。埼玉県三郷市在住。
以下の書籍のイラストを担当している

現在、『日本海新聞』連載の「鳥取のわらべ歌」「鳥取の民話」(酒井董美執筆)にカラーイラスト執筆
萩坂　昇『四季の民話』(教育労働センター)
ＮＨＫ松江放送局制作「山陰の昔ばなし」
酒井董美『島根ふるさとの民話』(㈲ワン・ライン)
酒井董美『山陰のわらべ歌』(三弥井書店)
酒井董美『ふるさとの民話』(さんいん民話シリーズ・全15集(ハーベスト出版)
ほか多数

鳥取のわらべ歌

2020年６月11日　発行

著　　者　　酒井董美
発　　行　　今井印刷株式会社
イラスト　　福本隆男
発　　売　　今井出版
印　　刷　　今井印刷株式会社
製　　本　　日宝綜合製本株式会社